董事海外经历与公司决策

多维影响与机制分析

向雪漫、易彪◎著

经济管理出版社

ECONOMY & MANAGEMENT PUBLISHING HOUSE

图书在版编目（CIP）数据

董事海外经历与公司决策：多维影响与机制分析 /
向雪漫，易彪著. -- 北京：经济管理出版社，2024.
ISBN 978-7-5243-0132-5

Ⅰ. F276.6

中国国家版本馆 CIP 数据核字第 2024F7D239 号

组稿编辑：张馨予
责任编辑：张馨予
责任印制：张莉琼
责任校对：蔡晓臻

出版发行：经济管理出版社
　　　　　（北京市海淀区北蜂窝 8 号中雅大厦 A 座 11 层　100038）
网　　址：www. E-mp. com. cn
电　　话：（010）51915602
印　　刷：北京晨旭印刷厂
经　　销：新华书店
开　　本：720mm×1000mm/16
印　　张：13. 25
字　　数：238 千字
版　　次：2025 年 3 月第 1 版　　2025 年 3 月第 1 次印刷
书　　号：ISBN 978-7-5243-0132-5
定　　价：98. 00 元

前　言

随着经济全球化的不断深入，越来越多的公司开始聘请有海外经历的人员到公司董事会任职。董事会作为公司的最高决策机构，对公司的发展方向、投融资以及利润分配等重要战略决策都有关键影响，因此从微观层面探索董事海外经历对公司决策的影响无疑具有重要价值。

本书主要以烙印理论（Imprinting Theory）和高层梯队理论（Upper Echelons Theory）为基础。烙印理论认为，个人在敏感时期的经历会对其以后的认知产生影响。由于国外的文化环境、制度环境、生活背景等方面与国内存在较大差异，因此海外经历可能会影响董事的认知。高层梯队理论认为，公司决策者的价值观和认知等个人特征会极大地影响他们对于所面临的情况的理解和判断，进而影响公司的经营决策。基于此，本书深入探讨了董事海外经历对重要的公司决策的影响，包括对股利分配、投资效率和公司创新的影响，本书还基于董事会的主要职能分析了可能的影响机制。

董事会的两项主要职能是监督公司管理者（监督职能）和为管理者提供决策咨询建议（咨询职能）。董事会的职能发挥在很大程度上决定了董事会在公司决策和股东价值创造方面的效率，而董事会的职能发挥又会受到其构成特征的影响。董事海外经历这一特征对公司决策有着怎样的影响呢？本书以董事会的两项主要职能作为切入点，采用实证研究的方法深入探究董事海外经历如何影响其职能的发挥进而影响公司决策，具体探讨了董事海外经历如何影响其监督职能的发挥进而影响公司股利分配和投资效率，以及董事海外经历如何影响其咨询职能的发挥进而影响公司创新。

股利分配和投资效率是公司金融的核心议题，直接影响投资者的利益。而目前中国上市公司存在股利发放率偏低以及过度投资等问题。董事会作为公司内部治理机制的核心，在公司股利分配和投资决策方面发挥着重要作用。但综观已有研究，鲜有文献从董事会主要职能的视角探索董事海外经历对公司股利分配或投资效率的影响。鉴于此，本书在委托代理理论的基础上深入探讨了董事海外经历对公司股利分配和投资效率的影响，并基于董事会的监督职能分析了可能的影响机制，以期为缓解公司代理问题，提升公司治理质量，促进股利发放和提高投资效率，加强对中小投资者的保护提供一个有益的视角。

公司创新对于提升企业的核心竞争力和企业价值来说至关重要，它也是一个国家生产力和长期经济增长的关键驱动力。党的十九大报告中明确提出了要加快建设创新型国家，并指出创新是引领发展的第一动力，是建设现代化经济体系的战略支撑。尤其是在当前市场竞争日益激烈、科技创新迅猛发展的时代背景下，探寻企业创新的影响因素无疑具有重要的现实意义。鉴于此，本书深入探索了董事海外经历对公司创新的影响，并基于董事会的咨询职能对可能的影响机制进行了分析，以期为促进公司创新提供借鉴。

本书的主要内容和观点如下：

第 1 章是绪论部分，主要介绍本书的选题背景和研究意义、研究思路和结构安排、研究方法以及创新点和贡献。

第 2 章介绍了本书所涉及的主要理论，具体阐述了烙印理论、高层梯队理论和委托代理理论及其在本书中的运用，以便为后文的研究假设提供理论依据。

第 3 章围绕董事会及其构成特征对公司的影响及相关文献进行了系统的梳理和评价。

第 4 章到第 6 章为本书的实证章节。第 4 章探讨董事海外经历对公司股利分配的影响。研究发现董事海外经历与公司的股利分配（包括股利分配意愿和股利分配水平）之间存在显著的正相关关系。进一步研究发现二者的正相关关系在样本所涉及的相关股利分红政策施行之前更强，在相关政策施行之后变弱，并且其他治理机制的存在会弱化董事海外经历对公司股利分配的正向影响。这些发现表明有海外经历的董事促进公司股利分配的一个可能的途径是通过更好地发挥其监督职能，从而提升公司的股利发放意愿和发放水平。

第 5 章分析董事海外经历对公司投资效率的影响。研究发现董事海外经历与公司投资效率之间存在显著的正相关关系。进一步探究可能的影响机制发现，董事海外经历有助于减少控股股东的关联交易，从而抑制公司过度投资；并且在公司治理质量越差、信息环境越不透明、融资约束程度越高的情况下，董事海外经历对投资效率的正向影响越强；此外，当海外经历是来自公司监管实践更好的国家时，董事海外经历对投资效率的正向影响更强。这一系列研究结果表明有海外经历的董事提升公司投资效率的一个可能的途径是通过更好地发挥其监督职能，减缓代理问题和信息不对称，从而提升公司投资效率。

第 6 章探讨董事海外经历对公司创新的影响。研究发现，董事海外经历与公司创新（包括创新数量和创新质量）之间存在显著的正相关关系。并且有海外经历的董事占比越高的公司，其研发投入显著更多，在控制了研发投入的影响之后，董事海外经历与公司创新之间依然存在显著正向的关联。进一步探索可能的影响机制发现，董事海外经历提升公司创新的可能的途径是通过更好地发挥其咨询职能，并为 CEO 提供更多保障，降低其职业生涯顾虑，从而激励公司创新。

第 7 章是研究结论、建议与展望。总结本书的主要结论，根据研究结论提出相关政策建议，指出研究存在的不足之处并对后续研究提出展望。

本书的创新点和贡献主要体现在以下四个方面：

第一，本书的研究丰富了关于公司董事海外经历的探索。目前关于董事海外经历的研究主要关注的是董事海外经历对公司表现和企业社会责任的影响，鲜有文献从董事会主要职能的视角探究董事海外经历对公司决策的影响，探究董事海外经历对公司决策的影响机制的文献更是凤毛麟角。本书则对这一领域进行了深入探索，不仅从股利分配、投资效率和公司创新这三项重要的公司决策的视角探讨了董事海外经历的影响，而且还以董事会的两大主要职能——监督职能和咨询职能作为切入点，具体探究了可能的影响机制。本书的发现不仅为董事海外经历影响公司决策提供了新的实证证据，也为其影响机制提供了一个全新的视角。此外，本书的发现还为公司治理实践可以在全球进行传递提供了新的实证证据。

第二，股利分配作为一项重要的公司决策，直接影响到投资者的利益，在我们的搜索范围内目前尚未发现直接探讨董事海外经历影响公司股利分配的文献。本书基于董事会的监督职能，对这一问题进行了深入探讨。本书的发现进一步强调了董事会作为内部治理机制的核心在公司股利分配方面所发挥的重要作用，为促进公司股利分配，增强对投资者的保护提供了一个全新的视角，为完善公司治理提供了一种新思路。

第三，已有文献虽然从不同的角度证明了良好的公司治理有助于提升公司投资效率，但是鲜有文献从董事会的监督职能这一视角探究董事海外经历对公司投资效率的影响。本书的研究不仅丰富了董事会特征影响公司决策的相关文献，而且丰富了关于公司治理影响投资效率的研究。此外，对影响机制的检验表明董事海外经历影响公司投资效率的一个可能的途径是通过更好地发挥其监督职能，提升公司治理质量，这一发现有助于进一步理解有海外经历的董事在提升公司投资效率方面所发挥的重要作用，为完善公司治理结构、提升公司投资效率提供了一个重要而有益的视角。

第四，目前探究董事或高管海外经历影响公司创新的文献在一些重要方面存在局限。首先，已有研究对公司创新的度量仅考虑了创新数量，而忽略了创新质量。创新质量是衡量企业创新绩效的一个重要方面，对新兴经济体尤为重要。因此，在探讨有关公司创新的议题时，有必要考虑创新质量。其次，已有研究未探索董事或高管海外经历对公司创新的影响机制。最后，已有研究在使用专利数据时忽略了它的截断问题，所以得出的结果可能存在偏差。而本书的研究则克服了已有研究的局限，本书对公司创新的衡量既考虑了创新数量，也考虑了创新质量。更重要的是，本书还从董事会基本职能这一全新视角具体探究了董事海外经历影响公司创新的机制，这有助于我们更加深入地理解董事海外经历的影响。此外，本书还参照国际创新领域的经典研究对专利数据的截断问题进行了处理，有助于得出更加稳健的结论。

目　录

1 绪论

1.1 选题背景与研究意义

1.1.1 现实背景

作为世界上主要的新兴市场，中国自 20 世纪 70 年代末改革开放以来经济发展迅猛。同时，随着经济全球化进程加快，中国在世界经济、政治格局中的地位也日益提升，在世界经济舞台上发挥着越来越重要的作用，"海归"人才在经济发展中的作用也日益凸显。"海归"是指在中国以外的国家或地区学习或工作后归国的人员。中国政府鼓励企业"走出去"的政策更是加大了企业对于"海归"人才的需求。

为吸引优秀的"海归"人才回国工作，中国政府自 20 世纪 90 年代初以来启动了一系列人才引进计划。全国各地也结合自己的经济发展状况及对"海归"人才的需求，纷纷出台了高层次"海归"人才引进政策。这些支持出国留学和鼓励回国就业的相关政策背后的理念是，"海归"人才有助于带来人力资本与社会资本，他们中的大多数人通过学习或工作从美国、英国等发达国家获得知识、技能和专长。海外经历不仅有助于学习知识和技术，培养国际化的视野，还有助于建立广泛的海外关系和信息网络。各类"海归"人才引进政策旨在促进战略性新兴产业发展，加快转变经济发展方式，提高自主创新能力。

随着经济全球化的不断深入，企业对于"海归"董事的需求也在不断扩大。

通过整理 2008 年以来中国上市公司董事会成员的海外经历相关数据发现，越来越多的公司聘请有海外经历的人员到公司董事会任职。2008 年，上市公司中有至少 1 位"海归"董事的公司数量占当年上市公司总数的比例为 31.7%，这一比例逐年上涨，到 2016 年首次超过 50%，达到 51.1%。自此，上市公司中每年都有超过一半的公司聘请了"海归"董事。在这样的背景下，从微观层面具体探究董事海外经历对公司决策的影响无疑具有重要的价值。

股利分配和投资效率是公司金融的核心议题，直接影响投资者的利益。董事会作为公司内部治理机制的核心，在提升公司治理质量、促进股利分配和提高投资效率方面负有重要职责。相比于新兴市场，发达的资本市场具有相对来说更为严格的信息披露要求，以及更为健全的公司治理机制。董事能否通过海外经历学到先进的公司治理实践，更好地发挥其监督治理职能，从而促进公司股利发放，提高公司投资效率呢？综观已有研究，鲜有文献从董事会主要职能的视角探索董事海外经历对公司股利分配或投资效率的影响。鉴于此，本书在委托代理理论（Principal-Agent Theory）的基础上，以董事会的监督职能作为切入点，深入探讨了董事海外经历对公司股利分配和投资效率的影响，以期为缓解公司代理问题，提升公司治理质量，促进股利发放和提高投资效率，加强对中小投资者的保护提供一个有益的视角。

公司创新对于提升企业的核心竞争力和企业价值起着至关重要的作用（Austin，1993；Pakes，1985），它也是一个国家生产力和长期经济增长的关键驱动力（Romer，1986）。党的十九大报告中明确提出，要加快建设创新型国家，并指出创新是引领发展的第一动力，是建设现代化经济体系的战略支撑。尤其是在市场竞争日益激烈，科技创新迅猛发展的背景下，探寻企业创新的影响因素对于推动企业乃至国家的经济发展无疑具有重要的现实意义。海外经历能否帮助董事获得更加广阔的视野，形成更加开放和多元化的思维，促使其更好地发挥咨询职能，从而促进公司创新呢？本书正是在这样的背景下，以董事会的咨询职能作为切入点，深入探讨了董事海外经历对公司创新的影响，以期为促进公司创新提供参考借鉴。

1.1.2 学术背景

董事会在上市公司中发挥着两项重要职能：监督公司管理者（监督职能）和为管理者提供决策咨询建议（咨询职能）（Fama and Jensen，1983；Hermalin and Weisbach，1991，1998，2003；Jensen，1993；Klein，1998；Mehran，

1995）。在监督（Monitoring）职能方面，董事会负责监督公司的经营者，确保经营者按照委托人的利益行事，具体负责聘用、解雇公司高管以及监督公司对高管的薪资政策。有效的董事会监督可以提高公司治理的质量，进而促进公司 CEO 的更替（Byrd and Hickman，1992；Weisbach，1988），降低公司财务重述的频率（Beasley，1996；Dechow et al.，1996），并促进股东财富的增加（Cotter et al.，1997）。在咨询（Advising）职能方面，董事会通常会就重要的战略决策向管理者提供咨询建议，董事会在很大程度上是 CEO 和高级管理层的顾问委员会（Mace，1986）。近年来，越来越多的文献开始关注董事会的咨询职能（An et al.，2021；Stein and Zhao，2019）。Brickley 和 Zimmerman（2010）指出，董事会通常同时扮演监督者和咨询者这两种角色。

董事会的职能发挥在很大程度上决定了公司的价值（Shleifer and Vishny，1997），因此探索哪些因素会影响董事会的职能发挥具有重要意义。已有文献指出董事会的职能发挥会受到其构成特征的影响（Adams et al.，2010）。现有关于董事会构成特征的研究主要关注了董事会多元化对公司决策和公司表现的影响。对董事会多元化的研究文献主要分为两类：一类是用董事会特征指标构建综合指数衡量董事会整体的多元化（Bernile et al.，2018）；另一类是单独从某一个多元化的维度进行研究（Adams and Ferreira，2009；Giannetti and Zhao，2019）。从单一视角研究董事会多元化的文献主要关注了董事会的性别多元化（Adams and Ferreira，2009；Ye et al.，2019），董事会中拥有金融专业知识背景的人才的多元化（Minton et al.，2014），董事会成员的国籍的多元化（Estélyi and Nisar，2016；Naveen et al.，2013）以及董事会成员经历的多元化（Field and Mkrtchyan，2017；Giannetti et al.，2015）等。

对于董事或高管以往经历影响公司决策的研究主要是基于烙印理论（Imprinting Theory）或高层梯队理论（Upper Echelons Theory）。烙印理论指出，个人在敏感时期的经历会形成烙印，这些烙印会在以后比较长的时间内影响其价值观和认知等（Marquis and Tilcsik，2013）。高层梯队理论指出，公司的决策受到决策者认知的影响，决策者的经历、价值观和个性会影响他们的视野、选择感知、判断力和战略选择，并最终影响公司决策和公司表现（Donaldson，1997；Hambrick and Mason，1984；Jackson，1992）。并且决策团队的整体特征对公司决策或公司表现的影响要比单个决策者的个人特征对公司决策或公司表现的影响更明显。由此可知，公司决策团队的以往经历会影响公司决策或公司表现。

已有关于公司董事或高管的经历影响公司决策或公司表现的研究关注了董事或高管的从军经历（赖黎等，2016；廖方楠等，2018）、职业经历（蔡春等，2015；何瑛等，2019）、财务经历（姜付秀等，2016）、海外经历（Giannetti et al.，2015；杜勇等，2018）、学术经历（周楷唐等，2017）、飞行员经历（Cain and McKeon，2016）、贫困经历（许年行和李哲，2016）、饥荒经历（Feng and Johansson，2018）以及大萧条经历（Bernile et al.，2017）等。

近年来有文献开始关注董事或高管的海外经历，研究指出海外工作经历会影响个人价值观，并提供稀缺且有价值的资源（Carpenter et al.，2001；Slater and Dixon-Fowler，2009；Suutari and Mäkelä，2007）。关于高管海外经历的研究发现，高管海外经历会影响公司的国际多元化战略（Sambharya，1996）、海外直接投资（Herrmann and Datta，2005；Piaskowska and Trojanowski，2014）、公司财务表现（Carpenter et al.，2001；Daily et al.，2000）、公司治理（Cumming et al.，2015）、公司盈余管理（杜勇等，2018）、公司业绩（Dai and Liu，2009；刘青等，2013）等方面。

关于董事海外经历的研究主要关注了董事海外经历对公司业绩（Giannetti et al.，2015）、企业社会责任（Zhang et al.，2018）和债务融资成本（谢获宝等，2019）等方面的影响，较少有文献从董事会主要职能的视角探索董事海外经历对公司决策的影响，更少有文献对其影响机制进行深入分析。董事会作为公司的最高决策机构，对公司的发展方向、投融资以及利润分配等重要战略决策都有关键影响。鉴于此，本书以董事会的主要职能作为切入点，探究董事海外经历如何影响其职能发挥，进而影响公司决策。具体而言，基于董事会的监督职能，探讨董事海外经历如何影响其监督职能的发挥，进而影响公司股利分配和投资效率；基于董事会的咨询职能，探讨董事海外经历如何影响其咨询职能的发挥，进而影响公司创新，以期从微观层面为董事海外经历的研究做有益补充。

1.1.3 研究意义

基于前面两小节对于选题背景的讨论可以看出，本书具有重要的理论和实践意义。从理论层面来看，本书的意义主要有以下两点：第一，本书对董事海外经历的相关研究进行了有益补充。目前关于董事海外经历的研究主要关注的是董事海外经历对公司表现（Giannetti et al.，2015）、企业社会责任（Zhang et al.，2018）和债务融资成本（谢获宝等，2019）等方面的影响，鲜有文献从董事会主要职能的视角探究董事海外经历对公司决策的影响，更少有文献深入探究董事海外经历对公司决策的影响机制。本书则对这一领域进行了有益补充，不仅从公司股利分配、投资效率和公司创新这三项重要的公司决策的视角探究了董事海外经历的影响，而且还以董事会的两大主要职能——监督职能和咨询职能作为切入点，具体探究了可能的影响机制。本书的发现不仅为董事海外经历影响公司决策提供了新的实证证据，也为其影响机制提供了一个全新的视角。此外，对于影响机制的探索也为公司治理实践可以在全球进行传递提供了新的实证证据。第二，本书的研究丰富了相关文献对于公司股利分配、投资效率和公司创新的影响因素的探索。股利分配、公司投资和公司创新都是非常重要的公司决策，直接影响投资者的利益和公司价值，因此已有文献对于这三项决策的影响因素予以了广泛的关注，本书的研究进一步丰富了这一领域的文献。

从实践意义上看，第一，对于该问题的探讨有助于理解我国引进"海归"人才的动机，为政府部门制定优惠政策以吸引和激励"海归"人才回国工作提供了企业微观层面的经验证据支持，也为我国建立人才回流长效机制提供了依据。第二，对于上市公司而言，加强对投资者尤其是中小投资者利益的保护，实现公司全体股东利益最大化，对于完善公司治理和提升公司价值具有重要意义。相对于市场发育成熟的发达国家而言，我国目前的公司治理尚存在欠缺之处，大股东剥削小股东、公司内部人窃取外部人利益的现象时有发生。本书所涉及的视角中，股利分配和投资效率是公司金融的核心议题，直接关系到投资者的利益。因此，本书为提升公司治理质量，保护中小投资者利益，促进公司股利分配和提高投资效率提供了一个有益的视角。第三，随着科技日新月异，市场竞争日益激烈，公司创新也越来越成为公司进步的焦点，本书所涉及的第三个视角——公司创新，对于提升企业的核心竞争力和企业价值具有重要意义。

1.2 研究思路与结构安排

1.2.1 研究思路

董事会作为公司的最高决策机构，对公司的发展方向、投融资以及利润分配等重要战略决策都有关键影响。监督公司管理者（监督职能）以及为管理者提供决策咨询建议（咨询职能）是董事会的两项最主要的职能（Fama and Jensen，1983；Hermalin and Weisbach，1991，1998，2003；Jensen，1993）。董事会的职能发挥在很大程度上决定了董事会在公司决策和股东价值创造方面的效率（Shleifer and Vishny，1997），而董事会的职能发挥又会受到其构成特征的影响（Adams et al.，2010）。

本书基于烙印理论和高层梯队理论认为，董事会成员的海外经历这一特征会影响董事会的职能发挥，进而影响公司决策。烙印理论指出，个人在特殊时期的经历会对其形成烙印，这些烙印会在以后比较长的时间内影响其价值观和认知等（Marquis and Tilcsik，2013）。国外的文化环境、制度环境和生活环境等方面与国内存在较大差别，因此海外经历可能会对董事的认知、价值观等方面产生影响。高层梯队理论指出，公司决策者的价值观和认知又会影响其选择感知、判断力和战略选择，并最终影响公司决策和公司表现（Hambrick and Mason，1984；Jackson，1992）。并且高层梯队理论还强调，决策团队整体特质对于公司决策和经济后果的影响要比单个决策者的个人特质对于公司的影响更加明显（Hambrick and Mason，1984；Jackson，1992）。鉴于此，本书认为董事会成员的海外经历可能会影响其职能发挥，进而影响公司决策。

具体而言，本书猜想海外经历有助于董事更好地发挥其监督职能和咨询职能，进而影响公司决策，原因至少有以下三点：①相比于新兴市场，发达的资本市场具有相对更为严格的信息披露要求和更为健全的公司治理机制。在这些国家的学习或工作经历不仅有助于学习到多元化的公司治理理念和治理经验，还有助于董事形成较好的认知烙印，使其更加关注公司治理问题，更好地发挥监督职能。②已有的关于公司治理可以在全球进行传递的文献也支持了这一观点，相关文献指出，公司治理实践可以从公司治理好的国家传递到公司治理薄弱的国家（Aguilera and Jackson，2003；Ellis et al.，2017；Miletkov et al.，2017），传递渠道之一就是通过董事海外经历（Iliev and Roth，2018）。Iliev和Roth（2018）指出，有海外经历的董事可以将学到的好的公司治理实践运用到本国公司，进而提升本国公司的治理质量。③在国外的学习或工作有助于他们形成广阔的国际化视野，积累丰富的知识面，锻炼多元化的思维，使他们能够更好地发挥咨询职能。综上所述，本书猜想海外经历有助于董事更好地发挥其监督职能和咨询职能，进而影响公司决策。

为了检验以上猜想，本书以董事会的这两项主要职能作为切入点，采用实证研究的方法深入探究董事海外经历如何影响其职能的发挥进而影响公司决策，具体探讨了董事海外经历如何影响其监督职能的发挥进而影响公司股利分配和投资效率，以及董事海外经历如何影响其咨询职能的发挥进而影响公司创新。

1.2.2 结构安排

本书总共分为 7 章，本小节具体介绍各章的内容安排，本书的结构如图 1-1 所示。

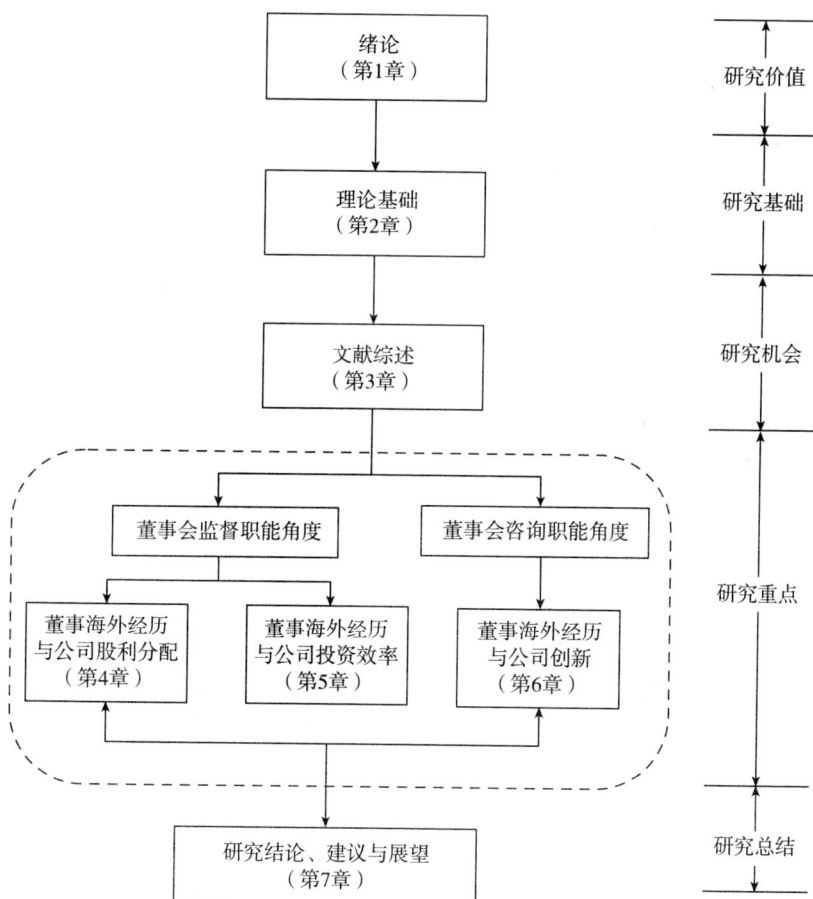

图 1-1 本书的结构

第 1 章是绪论部分，主要介绍本书的选题背景和研究意义、研究思路与结构安排、研究方法以及创新点和贡献。

第 2 章介绍了本书所涉及的主要理论，具体阐述了烙印理论、高层梯队理论和委托代理理论及其在本书中的运用，以便为后文的研究假设提供理论依据。

第 3 章围绕董事会及其构成特征对公司的影响及相关文献进行系统的梳理和评价，具体包括三个方面：①董事会职能的相关文献；②董事会特征及其影响的相关文献，具体包括董事会特征对公司决策或公司表现的影响，董事会多元化的影响，董事或高管经历的影响，以及董事或高管海外经历的影响；③关于公司治理可以在全球进行传递的相关文献。

第 4 章到第 6 章为本书的实证章节。第 4 章分析董事海外经历对公司股利分配的影响。首先检验董事海外经历与公司的股利分配意愿和股利分配水平之间的关系。其次探究可能的影响机制，具体包括：①检验样本期间涉及的相关股利分红政策对董事海外经历与股利分配之间关系的影响；②检验其他公司治理机制对董事海外经历与股利分配之间关系的影响；③检验有海外经历的独立董事和有海外经历的非独立董事的影响有何不同。最后对本章的主要发现进行一系列稳健性检验（包括内生性分析）。

第 5 章分析董事海外经历对公司投资效率的影响。对于投资效率的衡量主要采用三种被已有研究广泛采用的方法，包括：①采用投资对投资机会的敏感度来衡量公司投资效率，并直接检验董事海外经历对投资—投资机会敏感度的影响；②用反映公司流动性的特征变量构建衡量公司过度投资或投资不足倾向的指标，再分别检验董事海外经历对公司过度投资和投资不足的影响；③采用 Richardson 投资模型进行稳健性检验，进一步探究可能的影响机制，具体检验包括：①检验董事海外经历对公司控股股东关联交易的影响；②检验董事海外经历对投资效率的影响在不同的公司治理质量、信息环境透明度和融资约束程度下的差异；③检验来自不同国家的海外经历其影响是否不同。最后对本章的主要发现进行一系列稳健性检验。

第 6 章分析董事海外经历对公司创新的影响。首先检验董事海外经历与公司创新（包括创新数量和创新质量）之间的关系，再进一步检验可能的影响机制，包括咨询机制、保障机制和监督机制，具体包括以下检验：①检验董事海外经历对公司创新的影响在创新产出高的行业和创新产出低的行业有何不同；②检验在美国获得的海外经历和在其他国家获得的海外经历其影响有何不同；③检验董事海外经历对于 CEO 薪酬—绩效敏感度的影响；④检验有海外经历的独立董事和有海外经历的非独立董事的影响有何不同。最后对本章的主要发现进行一系列稳健性检验。

第 7 章是研究结论与展望。总结主要结论，提出相关政策建议，指出本书的不足之处，并对后续可能的研究方向提出展望。

1.3 研究方法

通过大量收集、整理、阅读、评判和分析与本书所涉及的话题相关的研究成果，了解目前相关研究的整体情况，以确保研究的前瞻性。接着对与本书话题紧密相关的文献进行系统的梳理和总结，并仔细研读，明确既有研究中尚未开展的部分，以确保研究的创新性。在学习和借鉴前人研究成果的基础上，对前人研究中尚未充分展开的部分予以拓展研究，以此形成本书的具体研究思路和研究框架。

本书的主要研究方法为实证研究法，充分运用 OLS 回归、Logit 回归、Tobit 回归、两阶段最小二乘回归等多种计量经济学方法，从多个维度，全面、系统、详细地研究董事海外经历对公司股利分配、投资效率和公司创新的影响。在分析影响机制时，充分运用分组和交互项等方法进行检验。同时，本书还使用了多种方法进行稳健性检验，运用倾向得分匹配（PSM）和工具变量法（IV）等方法进行内生性分析。此外，本书还充分运用微观经济学、金融经济学、行为金融学等多种学科相关知识和方法开展研究。

1.4 创新与贡献

本书的创新与贡献主要体现在以下四个方面：

第一，本书的研究丰富了关于董事海外经历的探索。现有的关于董事海外经历的研究主要关注的是董事海外经历对公司表现（Giannetti et al.，2015）、企业社会责任（Zhang et al.，2018）和债务融资成本（谢获宝等，2019）等方面的影响，少有文献从董事会主要职能的视角探究董事海外经历对公司决策的影响，更鲜有文献关注董事海外经历影响公司决策的机制。本书则对这一领域进行了深入探索，不仅探讨了董事海外经历对公司股利分配、投资效率和公司创新的影响，还以董事会的两大主要职能——监督职能和咨询职能作为切入点，具体探究了可能的影响机制。本书的发现不仅为董事海外经历影响公司决策提供了新的实证证据，也为其影响机制提供了一个新的视角。此外，本书的发现也为公司治理实践可以在全球进行传递提供了新的实证证据。

第二，股利分配作为一项重要的公司决策，直接影响投资者的利益，但在我们的搜索范围内尚未发现直接关注董事海外经历影响公司股利分配的文献。本书则对这一话题作了深入探讨，并基于董事会的监督职能分析了可能的影响机制。本书的发现进一步强调了董事会作为内部治理机制的核心在公司股利分配方面所发挥的重要作用，为促进公司股利分配，增强对投资者的保护提供了一个全新的视角，也为完善公司治理提供了一种新的思路。

第三，已有研究虽然从不同的角度表明良好的公司治理有助于提升公司投资效率（Jiang et al.，2018；李万福等，2011），但较少有文献从董事会的监督职能这一视角探究董事海外经历对公司投资效率的影响。本书不仅丰富了董事会特征影响公司决策的相关文献，也丰富了关于公司治理影响投资效率的研究。此外，对于影响机制的探索有助于我们进一步理解有海外经历的董事在提升公司投资效率方面所发挥的重要作用，为提升公司投资效率、完善公司治理结构提供了一个重要而有益的视角。

第四，目前关于董事或高管海外经历影响公司创新的文献在一些重要方面存在局限（Yuan and Wen，2018；宋建波和文雯，2016；杨林等，2018）。首先，已有研究对公司创新的度量仅考虑了创新数量，而忽略了创新质量。创新质量是衡量企业创新绩效的一个重要方面，对新兴经济体尤为重要（Moshirian et al.，2021）。因此，在探讨有关公司创新的议题时，有必要考虑企业的创新质量。其次，已有研究未探索董事或高管海外经历对公司创新的影响机制。最后，已有研究在使用专利数据时不够准确，并且忽略了专利数据的截断问题，所以得出的结果可能存在偏差。而本书则克服了已有研究的局限，对于公司创新的衡量既考虑了创新数量，也考虑了创新质量。更重要的是，本书还从董事会基本职能这一全新视角具体探究了董事海外经历影响公司创新的潜在的经济机制，这有助于我们更加深入全面地理解董事海外经历的影响。此外，本书还参照国际创新领域的经典研究对专利数据的截断问题进行处理，并采用不同的指标进行了一系列稳健性检验。总之，本书为董事海外经历影响公司创新提供了更加全面、更加稳健的检验。

2 理论基础

本章对本书所涉及的相关理论进行梳理，主要包括烙印理论（Imprinting Theory）、高层梯队理论（Upper Echelons Theory）和委托代理理论（Principal-agent Theory）。本章具体阐述了以上理论的内容及其在本书中的具体应用，为后文的研究假设提供理论依据。

2.1 烙印理论

"烙印"（Imprinting）这一概念起源于生物生态学（Biological Ecology），生物学家发现动物的早期经历会影响其随后的社会行为，Lorenz（1935）将这一现象总结为"烙印"。Lorenz（1935）指出，即使烙印仅发生在动物生命早期的一个关键时期，它对动物产生的影响在其生存环境发生改变之后依然持续存在。

"烙印"这一概念随后在组织研究（Organizational Research）中得到进一步发展，这一概念在组织研究中的应用可以追溯到 Stinchcombe（1965）关于社会结构和组织的经典研究，他的研究中强调了外部环境因素在塑造企业的初始结构中的重要性，以及这些因素影响的持续性。在 Stinchcombe（1965）研究的基础上，许多关于烙印理论的研究都围绕组织层面展开（Baron and Newman，1990；Burton and Beckman，2007）。关于组织烙印的研究发现，历史留下的"印记"会对组织产生持续的影响，即使外部环境发生改变，这种影响也依然存在（Calori et al.，1997）。随后的研究开始从个人层面展开，例如探究个人的早期职业经历如何对其职业生涯产生持续性影响（Andras，2012），以及如何将这些印记从一个组织带到另一个组织（McEvily et al.，2012）。但至此，对于"烙印"这一概念并没有文献给出准确的定义。

为了便于后续研究能够更加准确地运用"烙印"这一概念，Marquis 和 Tilcsik（2013）在系统梳理已有文献的基础上对"烙印"这一概念进行了明确的定义，他们将"烙印"定义为一个过程：在特定的环境中会存在敏感期（Sensitive Period），在敏感期内焦点主体会形成与外部环境相匹配的"印记"，这些"印记"具有一定的惯性，在随后的时期内会持续存在，即使焦点主体所处的环境发生了很大的变化，这些"印记"也依然存在，不会轻易消失（Marquis and Tilcsik，2013）。根据 Marquis 和 Tilcsik（2013）对烙印的定义，烙印的三个基本要素是：①敏感期，即焦点主体的状态发生转换或者过渡的时期，在此期间，焦点主体对于外部环境高度敏感；②强烈的影响，外部环境在敏感期内要对焦点主体产生强烈的影响，使其形成与外部环境相匹配的"印记"；③影响的持续性，即使外部环境发生变化，这些"印记"也会对个体产生持续性的影响。

近年来，越来越多的研究开始将烙印理论运用到个人身上。例如，Suddaby 等（2015）将烙印理论运用到创业者的相关研究里，他们发现行动者在经历敏感时期的关键社会历史事件后会对其感知形成"印记"，这些"印记"又会使得行动者对特定类型的创业机会敏感。Mathias 等（2015）也运用烙印理论发现创业者在敏感时期的成长经历所形成的"印记"会对其以后的创业决策和机会选择有深远影响。戴维奇等（2016）从烙印理论的视角出发，发现民营企业家的"体制内"经历会在其发展能力和认知方面形成"印记"，这些"印记"又会使他们的企业在成长过程中介入房地产等业务来"赚快钱"。杜勇等（2018）认为 CEO 的海外经历会对其产生特殊的烙印，并影响企业的盈余管理活动。朱沆等（2020）发现企业家的从军经历对个人的价值观烙印形成起着关键作用，并促使其更多地参与慈善捐赠。

在烙印理论的基础上，结合已有文献发现，本书认为，海外经历会对个人形成烙印，进而对个人的认知、价值观、个人能力等方面产生持续性的影响，理由如下：①国外的文化环境、制度环境、生活环境等方面与国内存在较大差异，因而在国外学习或工作的这段时期具有特殊性；②到了国外需要入乡随俗，使自己适应当地的生活，因而会使人形成与国外环境相匹配的"印记"；③这种"印记"对人的影响往往是具有持续性的，在其回国后依然会对其产生影响。以上三点符合 Marquis 和 Tilcsik（2013）对于烙印的定义，因此，本书认为，海外经历会给个人带来不可磨灭的"印记"，这种"印记"会在个人回国后依然对其产生持续性的影响。

具体来看，本书认为海外经历可能会对个人形成认知烙印和能力烙印，原因有以下两个方面：①从认知烙印的角度看，我国的制度环境、法律体系等方面与海外发达国家存在差别。而相比于新兴市场，海外发达的资本市场则具有相对完善的公司治理机制以及更加严格的信息披露要求。在国外的学习或工作经历能够让个人更加深切地学习和了解发达国家的制度文化和公司治理实践，进而影响其价值观念和认知框架。在较高治理标准的影响下，具有海外经历的董事可能会更好地遵循公司治理准则，更好地发挥其监督和咨询功能。②从能力烙印的角度看，海外经历有助于拓宽个人的视野，丰富个人的见闻，使个人掌握多元化的公司治理经验，更好地了解资本市场的运行规律。此外，在国外或境外学习或工作往往会遇到困难和挑战，克服这些困难和挑战有助于提升个人解决问题的能力。

综上所述，本书认为海外经历会对董事形成烙印，对其价值观和认知等方面产生持续性的影响。

2.2 高层梯队理论

高层梯队理论是研究非理性条件下决策的重要理论。Hambrick 和 Mason（1984）对高层梯队理论做出了开创性的研究，他们通过一个有限理性条件下的战略决策感知模型，分析了经理人的特征会通过三个步骤来影响战略决策：有限的视野、选择性的认知和通过经理人指示来理解某种刺激（Stimuli）。在 Hambrick 和 Mason（1984）的研究基础上，Hambrick（2007）对高层梯队理论进行了进一步的完善和更新。

高层梯队理论的核心思想是：企业决策者（通常是高管）的经验、价值观和认知能力等个人特征会极大地影响他们对所面临的情况的理解和判断，进而影响公司的经营决策（Hambrick，2007；Hambrick 和 Mason，1984）。因此，高层梯队理论是建立在有限理性（Bounded Rationality）的前提之下（Cyert and March，1963；March and Simon，1958），即决策者在做决策时并不总是来自理性动机，还在很大程度上受到其作为人类的自然局限的影响，在特定的情境中，决策者自身的价值观和认知基础会影响他们对所面临的情况的理解和看法，进而影响他们的决策。

高层梯队理论还强调，决策团队整体特质对于公司决策和经济后果的影响要比单个决策者（如 CEO）的个人特质对于公司的影响更加明显。这是因为，对于企业的领导并不是靠单个决策者，而是靠整个决策团队的共同努力，公司的战略决策通常反映的是整个决策团队的认知、能力以及沟通。因此，整个决策团队的构成特征通常比单个决策者的个人特征对于公司决策以及经济后果的影响更大。

由于决策者的认知结构和价值观等难以用心理学的方法具体考察量化，因此高层梯队理论指出，可以用能够观测到的人口统计学特征（Demographic Characteristics）来反映决策者进行决策时的心理特征，这些人口统计学特征包括决策者的年龄、性别、教育背景、职业经历等。目前采用人口统计学特征成为学术界关于高层梯队理论研究的主流方法。

实证研究方面，已有文献研究表明公司董事或高管的特征会对公司的经营管理行为产生影响（Kaplan et al.，2012；Malmendier et al.，2011），具体特征包括年龄（Jenter and Lewellen，2015）、性别（Ye et al.，2019）、教育背景（Bertrand and Schoar，2003）、过往经历（如海外经历）（Giannetti et al.，2015；杜勇等，2018）、从军经历（Benmelech and Frydman，2015；赖黎等，2016；廖方楠等，2018）、职业经历（Field and Mkrtchyan，2017；何瑛等，2019）、财务经历（姜付秀等，2016）、学术经历（周楷唐等，2017）、飞行员经历（Cain and McKeon，2016）、贫困经历（许年行和李哲，2016）、饥荒经历（Feng and Johansson，2018）、大萧条经历（Bernile et al.，2017）等，这些文献的发现均为高层梯队理论提供了实证证据。

综上所述，本书认为董事的海外经历这一特征会影响公司决策，原因总结为两点：①根据上一节关于烙印理论的阐述，海外经历会影响董事的价值观和认知，根据本节关于高层梯队理论的阐述，公司决策者的价值观和认知又会进一步影响公司的经营决策。由此推测董事海外经历会影响其价值观和认知，进而影响公司决策。虽然高层梯队理论本身主要是针对高管的认知和价值观对公司决策或公司表现的影响，没有直接说明董事的认知和价值观也会影响公司决策或公司表现，但鉴于董事会是公司的最高决策机构，对公司决策有着直接的影响，所以董事的价值观和认知会直接影响公司决策；同时，董事会也负责监督公司高管并为其提供决策咨询，因此董事的认知和价值观也会通过影响其职能发挥进而间接影响公司决策。②根据推广后的高层梯队理论，公司决策者的人口统计学特征会影响公司的经营决策，再结合已有研究对于董事的以往经历会影响公司决策的发现，本书推测董事的海外经历会影响公司决策。

2.3 委托代理理论

2.3.1 西方传统的委托代理理论

委托代理理论是公司金融领域较为成熟的经典理论，也是目前研究公司治理（Corporate Governance）问题的主流分析框架。西方传统的委托代理理论主要由 Berle 和 Means（1932）、Coase（1937）、Jensen 和 Meckling（1976）、Fama 和 Jensen（1983）、Grossman 和 Hart（1983）等逐步提出，之后又由众多的经济学家加以扩充和发展，其核心在于如何设计一套最优的公司治理结构与公司治理机制，使代理人（公司经理人）按照委托人（公司全体股东）的利益行事。

为了更深入地了解委托代理理论，本书着重介绍什么是委托代理关系。Jensen 和 Meckling（1976）在《企业理论：管理行为、代理成本与所有权结构》（*Theory of the firm：Managerial behavior，agency costs and ownership structure*）一文中构建了委托代理理论分析公司治理的基本框架，他们将代理关系定义为一种契约关系，在这种契约关系中，委托人（Principal）聘任代理人（Agent）来代替他们行事，并把若干决策权委托给代理人。

为什么会产生委托代理关系呢？这主要源于生产力的发展所带来的分工不断细化和专业化。在这种情况下，公司所有者自身的知识、能力、精力等方面是有限的，无法只依靠个人的才能管理企业，因而需要聘请职业经理人来协助他们进行管理或者代替他们行使权力；同时，分工专业化的不断演进孕育出一大批职业经理人，他们具有专业的知识，并且更擅长管理公司和代理行使好被委托的权力，公司的所有者可以聘请职业经理人来代替他们管理公司或行使权力，由此产生了委托代理关系。

委托代理关系会引起哪些委托代理问题呢？在美国、英国等以上市公司股权分散为显著特征的西方国家，委托代理关系会导致公司所有权和控制权相分离。在这种情况下，代理人并不一定会完全依照委托人的利益行事，作为理性的"经济人"，他们有动机最大化自身利益而不是最大化委托人的利益，委托人赋予他们的剩余决策权也使得他们有能力利用这种决策权谋取自身利益而不是委托人的利益（Jensen，1986；Shleifer and Vishny，1997）。例如，代理人可能会为了追求个人利益而将公司资金投资于有利于自身但不利于股东的项目上，或者进行在职消费或消极怠工等。而由于委托人和代理人之间存在信息不对称，委托人无法直接观察和判断代理人的努力程度和真实水平，无法知晓代理人是否偷懒或消极怠工，由此产生了委托代理问题。

为了缓解委托代理问题，委托人和代理人之间需要契约来规定双方的责任和义务。理想中的完美契约是将所有可能的情况全部考虑在内，规定好代理人在每一种可能的情况下的行为准则。但问题是，未来是不确定的，所以不可能制定出完美的契约，在不完全契约下，委托人需要给代理人适当的激励和约束，促使代理人最大限度地依照委托人的利益行事。西方传统的委托代理理论的核心就是委托人（全体股东）如何设计一个最优的治理结构与治理机制，以保证代理人（经营者）按照委托人（全体股东）的利益行事。更具体地讲，对于上市公司而言，投资者怎样让经营者返回一些利益给他们，如何保证经营者不窃取他们提供的资金或将他们提供的资金投资于不好的项目上，投资者如何有效地控制经营者等（Shleifer and Vishny，1997；郑红亮，1998）。

2.3.2 双重委托代理理论

在不同的股权结构特征中，代理问题有不同的特征，所以公司治理所要解决的主要问题也不同。在美、英等以股权分散为主要特征的上市公司中，没有股东掌握足够的控股公司的投票权，因此不存在一些股东侵占另一些股东利益的情况，所以股东之间基本没有利益冲突，而主要的矛盾表现在全体股东与公司经营者之间的代理问题。在这样的情况下，如果把全体股东看作单个委托人，把公司经营者看作单个代理人，那么可以将西方传统的委托代理理论视为一种"单委托代理理论"（冯根福，2004）。

冯根福（2004）指出，单委托代理理论主要是针对美、英等以股权分散为主要特征的上市公司的治理问题，但并不适用于包括中国在内的许多以股权相对集中或高度集中为主要特征的国家和地区的上市公司治理实践。在欧洲大陆国家和亚洲国家中，股权相对集中或高度集中的上市公司大量存在（Claessens et al.，2002；Faccio and Lang，2002）。尤其是在中国，绝大部分上市公司都存在股权高度集中的现象（冯根福，2001；冯根福等，2002），在这样的情况下，公司治理所要解决的主要问题与美、英等国家有所不同。

在股权分散的公司中，对每个人而言，监督经理人需要成本，而带来的好处却是对所有人都有益的，即对经理人的监督是一件公共产品；由于每个人的持股比例都较低，所以其理性选择就是放弃对经理人的监督而选择"搭便车"，每个人都这样想，最后的结果就是没有人对经理人进行监督。在股权相对集中或高度集中的公司中，大股东既有动机也有能力对经理人进行监督，在监督公司经理人方面发挥着重要作用（Shleifer and Vishny，1986；Yafeh and Yosha，2003）。

Shleifer 和 Vishny（1986）对大股东在公司治理中的角色进行了详细的梳理和阐述，他们指出，大股东虽然有动机积极参与公司治理，解决所有者与经营者之间的监督缺失问题，但这对中小股东也是有成本的。大股东或控股股东有可能利用其控制地位获取私人收益，损害中小股东利益。在股权相对集中或高度集中的情况下，控股股东或大股东掌握着公司的实际控制权，他们既有动机也有能力利用公司资源最大化自身利益，而侵害中小股东的利益，由此产生了控股股东或大股东与中小股东之间的利益冲突。

相关文献研究表明，在公司股权相对集中的上市公司中存在明显的大股东侵占中小股东利益的现象（Cheung and Chan，2006；Rajan，1992；Weinstein and Yafeh，1998），这一现象被称作"隧道挖掘"（Tunneling）（La Porta et al.，2000a）或自利交易（Self-dealing）（Djankov et al.，2008）。这种现象在发展中国家或法律不健全的国家和地区的上市公司中表现得更为严重（冯根福，2004）。这一问题在中国的上市公司中也相当严重（唐宗明和蒋位，2002）。在这种情况下，控股股东或大股东是强者，而中小股东是弱者，公司治理还需要解决如何保护中小股东的利益不受损害的问题。可见，在股权相对集中或高度集中的上市公司中实际上存在两类委托代理问题：控股股东或大股东与经理人之间的代理问题，以及中小股东与其代理人之间的代理问题。这决定了中国上市公司的公司治理所要解决的突出问题与英、美等国有所不同，不仅要解决控股股东或大股东与经理人之间的矛盾，而且还要解决中小股东与其代理人之间的利益冲突（冯根福，2004）。

针对股权相对集中或高度集中的上市公司的治理问题，Tirole（2001）、郑志刚（2004）、冯根福（2004）等基于不同视角进行了不同层面、不同程度的讨论。其中，Tirole（2001）构建了控制性股东（投资者）的道德风险模型，从而揭示了控制性股东（投资者）的道德风险行为机理。郑志刚（2004）在发展Tirole（2001）的控制性投资者道德风险模型的框架下探讨了降低第二类代理成本（投资者之间利益冲突所产生的代理成本）的可行途径和机制。相比之下，冯根福（2004）的研究更为深入，并具有一般指导意义。冯根福（2004）在已有的单委托代理理论的基础上提出和构建了双重委托代理理论，其核心是如何设计出能同时解决两类代理问题的最优的治理结构和治理机制，一方面，要促使经营者按照全体股东的利益行事；另一方面，要抑制控股股东或大股东对中小股东的利益侵占。冯根福（2004）通过理论分析证明了双重委托代理理论比单委托代理理论更加适用于中国上市公司的治理问题。

本书在委托代理理论的基础上探讨董事海外经历对公司股利分配和投资效率的影响。股利分配和投资效率是公司金融的核心议题，直接关系到投资者的利益。海外经历能否帮助董事学到更加先进的公司治理实践，促使其更好地发挥监督职能，提高公司治理质量，减缓代理问题，从而促进公司股利分配和提升投资效率呢？本书以委托代理理论为基础对以上问题作了深入探讨，以期为缓解代理问题，完善公司治理，加强对投资者尤其是中小投资者的保护提供一个有益的视角。

2.3.3 公司治理机制

通过对已有研究和以上阐述加以总结可以发现，公司治理的核心是解决委托代理问题，而委托代理问题产生的起因又在于公司所有权和控制权的分离。由于不存在完美的契约来使资源配置达到帕累托最优，所以只能通过给予代理人某种租金或者监督的方式来实现。但租金和监督活动对于委托人而言是一种成本，因此如何降低代理成本成了备受学术界关注的问题。

尽管代理成本不可能完全消除，但可以通过各种有效的公司治理机制以尽可能低的代理成本缓解代理问题。公司治理机制是解决现代公司代理问题的各种机制的总称，包括内部治理机制和外部治理机制。内部治理机制包括董事会（Hermalin and Weisbach，1998；Jensen and Meckling，1976）、激励合约（Stiglitz，1975）、大股东持股（Shleifer and Vishny，1986；Yafeh and Yosha，2003）等。外部治理机制包括法律制度（La Porta et al.，1998）、并购威胁（Jensen，1988）、管理者劳动力市场（Fama，1980）、分析师关注或媒体关注（Chen et al.，2017c）、机构投资者持股（Smith，1996）等。郑志刚（2007）对除了法律制度之外的公司治理角色相关文献进行了系统的梳理。

公司治理并没有一个世界通用的模式，在设计公司治理结构时需要考虑不同的情形，在不同的经济环境下，在不同的股权结构特征中，代理问题也有不同的特征，所以公司治理所要解决的主要问题也不相同。在股权分散的上市公司中，股东无法直接对经理人进行监督，由董事会作为全体股东的代理人代替他们对经理人的经营活动进行监督，因而董事会通常被视为公司内部治理机制的核心（Ross，1973）。如何提升董事会的效率一直是美、英等国家公司治理关注的焦点。董事会的存在犹如股东的眼睛，对经理人的行为加以监督和约束，从而减少信息不对称导致的逆向选择和道德风险问题。

对于股权相对集中的上市公司而言，两类代理问题的存在使得完善公司治理的关键在于有效降低两种代理成本：①大股东或控股股东与经理人之间的代理成本（以下简称第一类代理成本）；②中小股东与其代理人之间的代理成本（以下简称第二类代理成本）（冯根福，2004）。有效降低第一类代理成本的关键在于有效激励和约束公司的经营者（经理人），有效降低第二类代理成本的关键在于中小股东的代理人要最大限度地代表其利益行事（冯根福，2004）。冯根福（2004）指出，从我国的现实情况来看，独立董事最适宜充当我国上市公司的中小股东的代理人。中国证监会在 2001 年制定的《关于在上市公司建立独立董事制度的指导意见》也强调了独立董事在保护中小股东利益方面的职责，其中明确指出独立董事应"维护公司整体利益，尤其要关注中小股东的合法权益不受损害"。

Jiang 和 Kim（2015，2020）对中国的公司治理问题进行了全面的综述，并讨论了各种公司治理机制在中国的局限性。Jiang 和 Kim（2015）指出，中国上市公司的普通董事可能很难有效地监督公司经理人以及控股股东，一是因为董事的提名、任命主要是由控股股东决定；二是因为独立董事主要负责监督控股股东，而这些独立董事有可能是由控股股东任命的；三是因为很多公司的独立董事占比较低。在这样的情况下，探究如何提升董事会的效率就具有重要的现实意义。有海外经历的董事能否提高董事会的效率，更好地发挥其监督职能，提升公司治理质量呢？本书的第 4 章和第 5 章便是在委托代理理论的基础之上，以董事会的监督职能作为切入点，深入探讨董事海外经历如何影响其监督职能的发挥，进而影响公司的股利分配和投资效率，以期为缓解我国上市公司的代理问题，提高董事会的效率和公司治理质量提供一个有益的视角。

3　文献综述

上一章阐述了本书所涉及的主要理论及其运用，为本书的研究假设提供了理论依据。本章则围绕董事会及其构成特征对公司的影响及相关文献进行系统的梳理和评价。3.1 节梳理董事会职能的相关文献，包括董事会的监督职能，董事会的咨询职能，以及中国公司董事会的具体职能；3.2 节从董事会基本职能的视角梳理董事会构成特征对公司决策或公司表现的影响；3.3 节梳理董事会多元化的影响；3.4 节梳理董事或高管经历的影响；3.5 节梳理董事或高管海外经历的影响；3.6 节梳理关于公司治理可以在全球进行传递的文献；3.7 节对相关文献研究进行评述。

3.1　董事会职能

董事会角色是公司金融领域的重要议题。董事会对于公司的战略决策和投资决策来说至关重要，它体现着公司在产出和管理方面的重要特征（Estélyi and Nisar，2016）。认识董事会的职能对于理解公司行为和制定规范公司活动的政策都是至关重要的。公司治理相关文献一直以来都认识到了董事会在维持一个有效组织方面发挥的关键作用（Jensen，1993）。已有研究指出，董事会在上市公司中最主要的两个职能是监督公司管理者（监督职能）以及为管理者提供战略决策咨询建议（咨询职能）（Fama and Jensen，1983；Hermalin and Weisbach，1991，1998，2003；Jensen，1993；Klein，1998；Mehran，1995）。本节具体梳理了有关董事会的监督职能和咨询职能的相关文献，并介绍了中国公司董事会的具体职能。

3.1.1 董事会的监督职能

董事会是公司内部治理机制的核心（Jensen，1993）。根据 Hermalin 和 Weisbach（2003）的研究，董事会存在的最初原因是为了满足相关部门的制度安排，但鉴于董事会的普遍性，即大部分公司都设有董事会，所以对董事会存在原因的一个更合理的解释是，董事会是组织设计问题的市场解决方案的一部分，而公司面临的问题之一就是公司所有者、股东和管理层之间的代理问题。从理论上来看，董事会是一个帮助解决代理问题的经济机构（Hermalin and Weisbach，2003），代理理论是董事会监督职能的理论基础。根据本书 2.3 节中对委托代理理论的阐述可知，随着企业发展规模的扩大产生了委托代理关系，其直接后果就是企业的所有权和控制权产生分离，在这种情况下，经理人作为理性的"经济人"会谋求自身利益的最大化而非股东利益的最大化，而董事会则是为了约束经理人的行为，缓解股东和经理人之间的利益冲突而设立的一种机制。董事会是公司治理体系中至关重要的一部分，是企业最高的内部监督者（Fama，1980），董事会的监督主要是为了减少管理层的机会主义行为所带来的代理成本（Fama and Jensen，1983）。此外，关于董事会监督职能的研究指出，与内部董事相比，独立董事更加独立、客观（Fama，1980；Fama and Jensen，1983），通常被认为更能发挥监督作用（Hermalin and Weisbach，2003；叶康涛等，2007）。

董事会监督职能的发挥通常是通过监督公司经理人的行为，聘用、解雇公司高管，以及监督公司对高管的薪资政策。学术界对董事会监督职能的研究表明，董事会的有效监督活动可以提高公司治理的质量，进而促进公司 CEO 的更替（Byrd and Hickman，1992；Weisbach，1988），降低公司财务重述的概率（Beasley，1996；Dechow et al.，1996），并促进股东财富的增加（Cotter et al.，1997）。

3.1.2 董事会的咨询职能

除了发挥监督职能，董事会在为管理层提供决策咨询方面也发挥着重要作用（Adams and Ferreira，2007；Adams et al.，2010；Coles et al.，2008）。Mace（1986）认为，董事会在很大程度上是 CEO 和高级管理层的顾问委员会，董事会通常会就重要的战略决策向管理者提供咨询建议。早期对公司董事会的研究主要集中在监督职能上（Hermalin and Weisbach，2003），而近年来越来越多的文献开始认识到董事会在监督和咨询方面的双重作用，Brickley 和 Zimmerman（2010）指出，董事会通常同时扮演着监督者和建议者两种角色。已有研究用公司的并购表现作为衡量董事会发挥咨询职能效率的指标（例如，Fahlenbrach et al.，2010；Faleye et al.，2011；Masulis et al.，2012；Stein and Zhao，2019）。An 等（2021）关注了董事会咨询职能对公司创新的影响，发现多元化董事会有助于更好地发挥咨询职能，进而促进公司创新。

3.1.3　中国公司董事会的具体职能

董事会在中国公司中的具体职能在《中华人民共和国公司法》（以下简称《公司法》）中作了详细规定。根据最新修订的《公司法》（2018 版）第四十六条，董事会对股东会负责，所行使的具体职权展示在表 3-1 中①。由此可见，董事会在公司内部治理方面负有重要的监督职责，并且董事会对于公司的股利分配、公司投资等重要公司决策有着决定性的影响。

表 3-1　中国公司董事会的具体职能

序号	董事会职权
1	召集股东会会议，并向股东会报告工作
2	执行股东会的决议
3	决定公司的经营计划和投资方案
4	制订公司的年度财务预算方案、决算方案
5	制订公司的利润分配方案和弥补亏损方案
6	制订公司增加或减少注册资本以及发行公司债券的方案
7	制订公司合并、分立、解散或者变更公司形式的方案
8	决定公司内部管理机构的设置
9	决定聘任或者解聘公司经理及其报酬事项，并根据经理的提名决定聘任或者解聘公司副经理、财务负责人及其报酬事项
10	制定公司的基本管理制度
11	公司章程规定的其他职权

注：根据《中华人民共和国公司法》（2018 版）整理得到。

---

① 详细内容可以参阅 http://www.neeq.com.cn/uploads/1/file/public/201908/20190822182613_phq0t962cx.pdf。

3.2 董事会构成特征对公司的影响

董事会的职能发挥在很大程度上决定了董事会在公司决策和股东价值创造方面的效率（Shleifer and Vishny，1997），而董事会的职能发挥又受到其构成特征的影响（Adams et al.，2010）。国内外学术界对于董事会构成特征影响公司决策或公司表现有着广泛的研究，本节从董事会两个基本职能的视角对董事会构成特征影响公司决策或公司表现的相关文献进行梳理。

3.2.1 从监督职能的视角

公司治理领域的相关研究广泛探讨了董事会的构成对公司决策或公司绩效的影响。从董事会的监督职能的视角探究董事会构成特征影响公司决策的文献主要是从董事会的构成特征会影响其独立性，从而影响其监督职能的发挥，进而影响公司决策这一逻辑思路进行探究，主要关注了以下几个方面：

3.2.1.1 董事会构成特征与 CEO 更替

Hermalin（2005）认为，聘任、监督以及留任（或解雇）公司 CEO 是董事会最重要的职责之一。Jenter 和 Lewellen（2015）也指出，在公司股价或者业绩表现不佳时，是否留任或者解聘 CEO 是董事会的重要决策之一。来自不同国家的实证证据表明，企业业绩与 CEO 更替之间存在显著的负相关关系，即企业业绩不佳时，CEO 被更替的概率更高（Weisbach，1988；Yermack，1996）。

文献研究指出，董事会的构成特征会影响董事会的独立性，即影响董事会监督职能的发挥，进而影响公司的 CEO 更替。例如，Hermalin 和 Weisbach（1998）发现董事会独立性越高的公司，CEO 更替对于公司业绩的敏感性越强，也就是说，董事会独立性越高的公司，董事会在监督方面发挥的职能越强，越可能在 CEO 表现不佳时对其进行更替。因此，Hermalin 和 Weisbach（2003）指出 CEO 更替可以衡量董事会的监督效率，因为董事会效率越高，越容易识别出不称职的 CEO，并在 CEO 业绩表现不佳时作出更替决策，已有的研究发现支持了这一观点（Dahya et al.，2002）。

3.2.1.2　董事会构成特征与 CEO 薪酬

董事会的监督职能对 CEO 薪酬有重要影响（Chhaochharia and Grinstein, 2009）。有许多文献探究了董事会的构成特征对 CEO 薪酬的影响（Core and Guay, 1999；Grinstein and Hribar, 2004；Hallock, 1997；Yermack, 1996）。Fama（1980）、Fama 和 Jensen（1983）认为，CEO 的薪酬应当由不在公司任职并且与公司高管没有关联的外部董事来制定，因为这样的董事更加独立，能够对 CEO 的能力作出更加客观公正的评价，从而制定出更加有效的薪酬。Jensen（1993）指出，在美国，上市公司的董事会在监督质量方面存在问题，例如 CEO 对新董事的提名有很大的影响力，所以由 CEO 提名的董事往往可能服从于 CEO，这使得董事会监督不力。Bebchuk 和 Fried（2003）指出，董事会监督不力会导致过高的 CEO 薪酬。Core 等（1999）、Hallock（1997）、Grinstein 和 Hribar（2004）的研究均表明当董事会独立性越低（监督越弱）时，CEO 薪酬越高。Chhaochharia 和 Grinstein（2009）发现提升董事会的独立性（监督作用）可以有效降低 CEO 薪酬，并且其他监督机制的存在（例如董事会中存在大股东）则会减弱董事会独立性对于 CEO 薪酬的影响。总之，已有研究证实了董事会对 CEO 薪酬具有重要影响，并且董事会的监督功能越强越能有效控制过高的 CEO 薪酬。

3.2.1.3　董事会构成特征与公司财务信息质量

董事会构成特征会影响其监督职能的发挥，从而对公司的财务信息质量有重要影响。Beasley（1996）发现公司的外部董事占比与公司发生财务报告舞弊的概率之间存在显著负相关。Klein（2002）发现董事会独立性越高越可以更好地发挥其监督职能，并提升公司财务信息质量，具体表现为降低公司的盈余管理。Peasnell 等（2005）发现董事会中外部董事占比与公司盈余管理活动负相关。Giannetti 等（2015）发现董事海外经历有助于降低公司的盈余管理活动。国内也有不少研究探究了董事会构成特征对公司财务信息质量的影响，例如独立董事占比（崔学刚，2004；胡奕明和唐松莲，2008）、董事长与总经理两职合一（崔学刚，2004）、董事的财务背景（胡奕明和唐松莲，2008）等方面，总体来说，这些文献发现董事会独立性越高，公司的透明度和财务信息质量也就越高。

3.2.1.4　董事会构成特征与公司股利分配

与成熟的资本市场相比，我国上市公司由于治理机制不完善，法律对于投资者保护较弱，上市公司长期以来存在"重融资、轻回报"的特点，在股利分配方面存在主动性不强以及股利发放率低等现象。根据《公司法》的规定，董事会负责制定公司的利润分配方案，所以其监督职能的发挥对于公司的股利发放有重要影响。Hu 和 Kumar（2004）发现董事会的独立性对股利分配有正向影响。Belden 等（2005）和 Schellenger 等（1989）发现独立董事所占比例与股利支付呈正相关。陈立泰和林川（2011）发现董事会规模越大、独立董事人数越多或董事会激励程度越高的公司越倾向于发放现金股利，而董事会会议频率越高或董事长与总经理两职合一的公司股利发放意愿越低。冯慧群和马连福（2013）的研究指出，公司的董事会网络性越高或稳定性越强，公司的决策水平和治理水平就越高，这会促进公司的股利发放。对于董事会构成特征影响公司股利分配的研究还关注了董事会性别构成多样化的影响，相关研究指出，相比于男性董事，女性董事可以更好地发挥监督职能，提升公司治理质量，提高对投资者的保护，并促进公司股利发放（Chen et al.，2017a；Ye et al.，2019）。

3.2.1.5 董事会构成特征与公司投资

由于公司的经理人和股东之间存在代理问题，当经理人权力很大并缺乏监督时，经理人可能会将公司资源用于一些有利于自身利益但会损害股东利益的活动，如进行多元化并购（Morck et al.，1990），或补贴表现不佳的部门（Berger and Hann，2003；Lamont，1997），这些都会导致公司投资效率低下。已有研究发现董事会的构成特征对公司投资有重要影响，如陈运森和谢德仁（2011）发现独立董事的网络中心度越高，其治理作用越好，这有助于抑制公司的过度投资和缓解公司投资不足。Liu 等（2015）也发现独立董事占比越高的公司其投资效率越高。Rajkovic（2020）发现首席独立董事（Lead Independent Director）的存在可以提升公司投资效率。

3.2.2 从咨询职能的视角

除了作为管理层的监督者，董事会同时还扮演着管理层的智囊团的重要角色，就企业重要战略决策向管理层提供建议和咨询服务。但关于董事会构成特征影响公司决策或表现的研究大多是从董事会监督职能的视角进行探究，从董事会咨询职能的视角进行探究的文献要少很多。Vance（1978）研究认为，任职时间越长的董事能够更好地为公司提供咨询和提升公司价值。An 等（2021）发现董事会多元化有助于其更好地发挥咨询职能，进而促进公司创新。谢获宝等（2019）发现海外经历有助于董事更好地发挥战略咨询功能，从而降低企业债务融资成本。孙甲奎和肖星（2019）发现，有投行工作经历的独立董事可以更好地发挥咨询功能，从而提升收购方公司的价值。

3.2.3 董事会的构成特征与公司绩效

董事会的构成特征会影响董事会职能的发挥，从而影响公司决策，而对公司决策的影响又会进一步影响公司表现或公司绩效。例如，由前述相关研究可以总结出，董事会独立性会影响其监督职能的发挥，从而影响公司治理质量。而已有研究表明，公司治理实践与公司价值之间存在显著的正相关关系，这一关系对于来自美国的公司（Bebchuk et al.，2009；Core et al.，2006）和来自世界其他国家的公司（Dahya et al.，2008）均成立。麦肯锡公司在 2000 年进行的一项调查收集了世界各地投资者的意见，调查结果显示，全球投资者愿意为治理良好的公司支付显著更高的溢价。

由此可见，董事会构成特征对于公司绩效或公司表现有着重要影响。已有研究主要关注了董事会规模（Yermack，1996；于东智和池国华，2004）、独立董事占比（Peng，2004；丛春霞，2004）、董事持股（刘玉敏，2006）、董事长和总经理两职状态（刘玉敏，2006）、董事的声誉和经验（Golden and Zajac，2001）等特征对公司绩效的影响。

3.3　董事会多元化的影响

学术界对于董事会构成特征的探究主要关注了董事会规模、董事会独立性、董事会持股情况、董事会多元化等方面。由于本书所探究的董事海外经历属于董事会多元化的范畴，因此本节详细梳理了有关董事会多元化（Board Diversity）的相关文献。

现有关于董事会构成特征的研究对于董事会多元化这一特征予以了广泛关注，大量文献研究表明董事会构成的多元化会对公司决策及公司表现有显著影响（Adams and Ferreira，2009；An et al.，2021；Hambrick et al.，1996）。Kandel 和 Lazear（1992）认为团队多样性可以增强团队成员之间的相互监督，从而缓解了"搭便车"的问题。Horwitz 和 Horwitz（2007）指出，与同质群体相比，多元化团队可以提供更广泛的知识、信息和资源。Estélyi 和 Nisar（2016）指出，董事会多元化可以通过减少个人偏误和个人偏见提高决策质量。Bernile 等（2018）发现，董事会多元化程度越高的公司会采取更加稳健、风险更低的金融政策，并且其研发投入（R&D）也更高。An 等（2021）的研究也表明，董事会多元化可以促进公司创新。

研究董事会多元化的文献主要从两种不同的维度展开，一种是采用董事会成员在不同方面的特征构成综合指数来衡量董事会的多元化程度（An et al.，2021；Bernile et al.，2018），另一种是单独从某一个多元化的维度进行研究（Estélyi and Nisar，2016；Giannetti and Zhao，2019；Minton et al.，2014；Ye et al.，2019）。从单一视角研究董事会多元化的文献主要关注了董事会的性别多元化（Adams and Ferreira，2009；Cumming et al.，2015；Ye et al.，2019）、董事会中拥有金融专业知识背景的人才的多元化（Minton et al.，2014）、董事会成员的国籍的多元化（Estélyi and Nisar，2016；Naveen et al.，2013）、祖籍多元化（Giannetti and Zhao，2019）以及董事会成员的经历多元化（Field and Mkrtchyan，2017；Giannetti et al.，2015）。

3.4　董事或高管经历的影响

决策过程不能脱离个人过去的经历（Cyert and March，1963），个人经历对个人的决策过程有重要影响（Hertwig et al.，2004）。已有文献基于烙印理论或高层梯队理论广泛探究了董事或高管的以往经历对于公司决策或公司表现的影响。根据烙印理论，个人在特殊时期的经历会对其形成烙印，并在其后很长一段时间内对其认知、价值观和行为等方面产生持续性的影响（Marquis and Tilcsik，2013）。根据高层梯队理论，企业决策者的经验、价值观和认知能力等个人特征会极大地影响他们对于所面临的情况的感知、理解和判断，进而影响公司的经营决策和公司表现（Hambrick，2007；Hambrick and Mason，1984）。已有研究基于这两个理论广泛探讨了公司董事或高管的过往经历对公司决策或公司表现的影响，包括董事或高管的从军经历（Benmelech and Frydman，2015；Malmendier et al.，2011；赖黎等，2016；廖方楠等，2018）、"大萧条"经历（Bernile et al.，2017；Malmendier and Nagel，2011）、饥荒经历（Feng and Johansson，

2018）、贫困经历（许年行和李哲，2016）、职业经历（Bertrand and Schoar，2003；何瑛等，2019）、学术经历（周楷唐等，2017）、飞行员经历（Cain and McKeon，2016）、海外经历（Giannetti et al.，2015；杜勇等，2018）等方面。

3.4.1 从军经历

Malmendier 等（2011）发现有从军经历的 CEO 会采取更加激进的公司决策，如高杠杆率。Benmelech 和 Frydman（2015）研究发现 CEO 从军经历对于公司决策和公司的经济后果都有重要影响，有从军经历的 CEO 会追求较低的公司投资，较少参与企业造假活动，并且在行业不景气时表现更好。赖黎等（2016）指出，高管的从军经历使其偏好高风险，决策也更激进。廖方楠等（2018）研究认为，高管的从军经历能显著提升企业内部控制质量。

3.4.2 贫困、灾难、饥荒等经历

Malmendier 和 Nagel（2011）发现在童年时期经历过"大萧条"（Great Depression）的 CEO 更加厌恶债务，他们会过度依赖内部融资。Bernile 等（2017）发现 CEO 的灾难经历对企业风险和企业资本成本具有实质性的影响，经历过致命性的灾难但那场灾难没有造成极端负面后果的 CEO 领导的公司表现得更为激进，而那些曾经目睹过灾难可能会带来的极端负面影响的 CEO 则表现得更为谨慎。Feng 和 Johansson（2018）利用"中国大饥荒"来研究董事长早期的饥荒经历对以后管理决策的影响，发现如果董事长在年轻时经历过饥荒，其在公司决策上会表现得更为保守，而且不太可能涉及不道德行为。许年行和李哲（2016）发现出生于贫苦地区的 CEO 或者在童年时期有过饥荒经历的 CEO 所在企业的慈善捐赠水平更高，并且有过贫困经历的 CEO 在对别人慷慨的同时对自己节俭，主要表现为所在企业更低的在职消费。

3.4.3 职业经历

关于董事或高管职业经历的研究关注了职业经历对公司并购的影响。例如，Huang 等（2014）发现有投行工作经历的董事可以帮助公司进行更好的收购。Field 和 Mkrtchyan（2017）也发现，董事过去的收购经历和收购绩效与公司随后的收购绩效之间存在显著的正相关。Fich 和 Nguyen（2020）表明，如果收购方的 CEO 曾经在目标公司的行业供应链中有工作经验，这样的并购宣告可以获得

更高的公告效应，并且这样的收购也表现出更高的协同效应、更好的交易后会计业绩以及更少的商誉冲销。孙甲奎和肖星（2019）发现，有投行工作经历的独立董事可以更好地发挥咨询功能，提升收购方公司的价值。

除了关注职业经历对公司并购的影响之外，已有研究还关注了其他方面，例如，Hu 和 Liu（2015）认为，CEO 拥有不同的职业经历有助于他们积累社会关系，从而更好地获得外部资金。蔡春等（2015）发现高管的审计经历会降低公司的财务报告信息质量，增大公司的审计风险。张琦等（2019）发现，高管的公职经历有助于提升企业环境治理水平。何瑛等（2019）指出，高管的职业经历越丰富越有助于促进其思维结构的多元化，从而提高企业的创新水平。

3.5 董事或高管海外经历的影响

近年来，文献开始关注公司董事或高管的海外经历。与年龄、任期、职业背景和教育等其他人口特征不同，海外经历是一种宝贵且具有价值的经历，它既不可替代也不可模仿（Barney，1991；Carpenter et al.，2001；Daily et al.，2000；Sambharya，1996；Sullivan，1994）。研究指出海外工作经历会影响个人价值观，并提供稀缺且有价值的资源（Carpenter et al.，2001；Slater and Dixon-Fowler，2009；Suutari and Mäkelä，2007）。国际经历可以培养管理者的全球性思维，帮助他们制定和实施国际化战略（Gupta and Govindarajan，2002；Levy et al.，2007；Sambharya，1996）。国际经历也有助于管理者在海外建立有用的社交网络（Blomstermo et al.，2004）。Bhagwati 和 Hamada（1974）指出，留学归国人员会把他们在国外学到的知识和技能转移到本国（Giannetti et al.，2015；Kerr，2008）。管理者通过海外经历学习国外的公司是如何运作的，这有助于他们获得先进的管理实践。他们回国后可能会将这些先进的管理实践应用于当前的公司，从而提高当前公司的表现和生产力（Bloom et al.，2007）。

3.5.1 董事会成员的海外经历

国内外学术界对于董事海外经历的研究较少，已有文献主要关注了董事海外经历对公司表现、企业社会责任和债务融资成本等方面的影响。具体来讲，

Giannetti 等（2015）运用来自中国上市公司的数据探讨具有海外经历的董事对公司表现的影响。他们的实证研究结果表明，聘请具有海外经历的人员到公司董事会任职有助于提升公司表现，比如公司估值、公司的全要素生产率以及公司的盈利能力。他们还表示，具有海外经历的董事有可能在外国市场有社交关联，这将有助于公司的国际筹资活动。此外，他们还发现，有海外经历的董事有助于降低公司的盈余管理，这意味着公司治理质量的提升。Zhang 等（2018）采用中国上市公司 2009~2012 年的数据探究"海归"董事对中国企业社会责任参与度的影响。他们的研究结果显示，董事会中"海归"董事的比例与企业社会责任承担之间呈显著正相关关系。宋建波和文雯（2016）研究发现董事的海外背景有助于提升企业的专利申请数量。谢获宝等（2019）发现董事的海外背景有助于降低公司的债务融资成本，并且在政府干预程度越高和法制水平越低的地区，海外背景董事降低公司债务融资成本的作用越强。

Iliev 和 Roth（2018）利用来自全球的数据发现，董事会成员在其他国家的董事会任职的时候会学习这些国家的公司治理实践，并将所学到的更好的公司治理实践运用到自己的祖国。Iliev 和 Roth（2018）的研究还表明，对于公司治理薄弱的国家，这种对于公司治理的学习更强，即公司治理薄弱的国家的董事会成员会利用自己在公司治理完善的发达国家的董事会任职经历学习这些国家好的公司治理实践，并将所学知识运用到祖国。简言之，公司治理实践可以从公司治理好的国家传递到公司治理薄弱的国家，而转移的渠道之一就是通过董事会成员在国外公司董事会的任职经历。

3.5.2 高管的海外经历

对于高管的海外经历的研究主要关注了高管海外经历对于公司治理、公司国际化战略、公司表现以及高管薪酬等方面的影响。

3.5.2.1 高管的海外经历对公司治理的影响研究

Khanna（2008）指出，通过聘请那些曾经在发达国家生活期间获得过当地教育经历或者公司治理实践经历的年轻管理者，可以帮助有道德缺陷的公司达到国际治理标准。Cumming 等（2015）发现 CEO 如果拥有来自制度环境较强国家的经历，可以把这种更好的公司治理知识传递到本国。杜勇等（2018）研究发现 CEO 海外经历显著抑制了企业盈余管理，并发现来自英美法系的经历对盈余管理的负向影响要比来自大陆法系的经历对盈余管理的负向影响更加明显。

3.5.2.2 高管的海外经历对公司国际化战略的影响研究

海外经历为高层管理者提供了全球思维定势，使他们能够在全球市场运作（Piaskowska and Trojanowski，2014；Sambharya，1996）。同时，海外经历也使高层管理者获得了宝贵的国外知识和国外社交网络，从而可以提高公司在全球市场的竞争优势（Blomstermo et al.，2004；Piaskowska and Trojanowski，2014；Sambharya，1996）。Sambharya（1996）发现高管的海外经历会影响企业的国际多元化战略。Herrmann 和 Datta（2005）发现有国际经历的管理者更倾向于进行海外直接投资，Piaskowska 和 Trojanowski（2014）的发现也支持了这一观点。Filatotchev 等（2009）发现，企业主的海外经历会影响企业的出口导向。Piaskowska 和 Trojanowski（2014）探讨了高管在国际上打拼多年的经历对公司国际战略决策，特别是海外决策的影响，结果表明高管团队的国际导向积极地缓和了文化差异和东道国风险对收购股权的负面影响。

3.5.2.3 高管的海外经历对公司表现的影响研究

罗思平和于永达（2012）基于中国光伏产业的实证研究，发现高管海外经历对于企业的技术创新能力和专利保护都有显著正向影响。刘凤朝等（2017）基于中国计算机、通信和其他电子设备制造业进行研究，发现高管海外背景对企业专利申请数量有积极影响。Yuan 和 Wen（2018）的研究也发现有海外经历的管理者对新兴市场国家公司的专利申请数量具有显著正向影响。此外，相关研究表明拥有海外经历的 CEO 所在企业也拥有更好的财务表现（Carpenter et al.，2001；Daily et al.，2000）、社会表现（Slater and Dixon - Fowler，2009）和企业业绩（Dai and Liu，2009）。刘青等（2013）通过抽样调查数据发现，民营企业主的海外经历能显著提升企业业绩。刘青等（2013）进一步分析发现，"海归"人才的优势主要来源于海外经历带来的国际视野和内部经营管理能力。刘青等（2013）指出，"海归"人才在国外学习了先进的技术和管理知识，培养了先进的理念和国际化视野，还建立了广泛的海外关系和信息网络，因此"海归"人才具有独特的人力资本和社会资本。

3.5.2.4 高管的海外经历对其薪酬的影响研究

柳光强和孔高文（2018）研究发现高管的海外经历可以显著提升薪酬差距，并发现海外教育经历比海外工作经历对薪酬的提升作用更加显著。Conyon 等（2019）采用来自英国的数据表明，外籍 CEO 和有海外工作经历的 CEO 会获得更高的薪资水平。他们的研究进一步表明，这种支付溢价主要来源于 CEO 在海外获得的专业知识和海外社交网络。

3.6 公司治理在全球的传递

Bhagwati 和 Hamada（1974）指出，归国人员将在国外学到的知识和技能传递（Transfer）到本国，这一过程被称为"大脑获得"现象（"Brain Gain" Phenomenon）（Giannetti et al.，2015；Kerr，2008）。Iliev 和 Roth（2018）认为，当所传递的知识涉及治理实践时，这种知识的传递会更为重要。越来越多的理论和实证证据表明，公司治理实践在国际上的流动性越来越强（Aguilera and Jackson，2003；Ellis et al.，2017；Miletkov et al.，2017）。相关文献主要关注了四种可以让公司治理在全球范围内进行传递的途径，包括跨国并购（Ellis et al.，2017；Renneboog et al.，2017）、外国投资者持股（Aguilera and Jackson，2003；Calluzzo et al.，2017）、外籍管理团队（Miletkov et al.，2017）以及董事或高管的海外经历（Cumming et al.，2015；Giannetti et al.，2015；Iliev and Roth，2018）。

3.6.1 跨境并购

Rossi 和 Volpin（2004）指出，跨国并购可以通过促进目标公司对内部投资者的保护而发挥治理作用。来自印度市场的证据也表明，在跨境收购中，如果收购方位于新兴国家，而目标公司来自发达经济体系，则这种跨境收购可以为收购方带来更好的公司治理（Col and Sen，2019）。Bris 等（2008）基于来自 41 个国家的数据研究表明跨国并购为公司治理在全球范围内的转移提供了渠道。Albuquerque 等（2019）利用来自 64 个国家的数据证明，当收购方所在的国家比目标方所在的国家拥有更强的投资者保护时，跨境并购活动能显著提升收购方公司的治理质量。

3.6.2 外国投资者持股

已有研究证明了外国投资者在公司治理传递中发挥的作用（Aggarwal et al.，2011；Guadalupe et al.，2012）。相关研究表明，外国投资者可以提高公司的透明度，降低公司的信息不对称（Jiang and Kim，2004；Kang and Stulz，1997）。公司的外国投资者持股水平还可以提升公司的社会责任评级（McGuinness et al.，2017）。此外，在改善全球公司治理方面，外国机构投资者比国内投资者发挥了更大的作用（Aggarwal et al.，2011；Ferreira and Matos，2008）。Aggarwal 等（2011）运用来自 23 个国家的数据研究发现公司层面的治理与国际机构投资者投资之间存在正相关关系，他们还指出，对于那些股东保护有力的国家的公司，本国机构投资者是公司治理改善的主要驱动力，而对于股东保护较弱的国家的公司，国外投资者（尤其是那些来自对股东有很强保护的国家的投资者）才是提升公司治理的主导力量。Chen 等（2017b）认为，外国机构投资者可以通过推动更好的公司治理和提升公司的财务透明度，来帮助缓解公司代理问题和信息不对称问题。

3.6.3 外籍管理团队

一些研究关注了外籍管理团队在公司治理传递效应中发挥的作用。Oxelheim 和 Randøy（2003）提出，可以通过引进外籍外部董事来"引进"美、英国家的公司治理体系，他们认为，来自美、英国家的外部董事会成员在监督公司方面具有重要作用，特别是对于来自小型和新兴经济体的公司尤为重要。Oxelheim 和 Randøy（2003）建议公司通过雇用来自美、英国家的公司治理体系的董事会代表来向市场传递公司遵守美、英国家的治理体系的信号，这一信号对公司价值有直接和长期的影响。费盛康和余佩琨（2010）指出，外籍高管在国内没有复杂的人际关系，可以更好地执行监督职能，提高公司治理质量。

3.6.4 董事或高管的海外经历

公司治理实践还可以通过董事或高管的海外经历在各国之间进行传递。Khanna（2008）指出，通过聘请那些在发达国家生活期间获得过当地教育或公司治理实践的经历的年轻管理者，可以帮助有道德缺陷的公司达到国际治理标准。这些在发达国家接触过治理实践的新来的管理者可能会教育和劝说年长的董事会成员遵守国际治理标准（Khanna，2008）。Cumming 等（2015）发现 CEO 如果拥有来自制度环境较强国家的经历的话，可以把这种更好的公司治理知识传递到本国。Giannetti 等（2015）发现公司治理可以通过董事海外经历进行传递，具体表现在有海外经历的董事可以降低国内公司的盈余管理。Iliev 和 Roth（2018）从交叉的国际化董事会

（Overlapping International Boards）的视角探究了公司治理在各国间的传递，发现董事会成员可以从其在外国公司董事会的任职中获得丰富的治理实践，这为治理实践在各国的传导提供了途径。

3.7 文献研究评述

公司金融经典文献指出了董事会的两大最主要的职能是监督公司管理者（监督职能）以及为管理者提供决策咨询建议（咨询职能）。董事会的职能发挥直接影响公司决策和公司价值，而董事会能在多大程度上发挥好其职能又取决于董事会的构成特征。现有文献从不同的维度对董事会构成特征影响公司决策或公司表现进行了广泛研究并取得了较为丰硕的研究成果。关于董事会特征的研究又对董事会的多元化这一特征予以了较多关注，相关研究主要从两种不同的维度展开，一种是采用董事会成员在不同方面的特征构建综合指标来衡量董事会的多元化程度，另一种则是从单独某一个多元化的维度进行研究。从单一视角研究董事会多元化的文献主要关注了董事会的性别多元化。近年来，文献开始关注董事会成员以往经历的多元化对于公司决策或公司表现的影响，包括饥荒经历（Feng and Johansson，2018）、收购经历（Field and Mkrtchyan，2017）、投行工作经历（孙甲奎和肖星，2019）、海外经历（Giannetti et al.，2015；Zhang et al.，2018）等。

但学术界目前对于海外经历的探讨大多关注的是高管的海外经历，对于董事海外经历的研究尚且较少，且已有文献主要关注的是董事海外经历对公司表现（Giannetti et al.，2015）、企业社会责任（Zhang et al.，2018）和债务融资成本（谢获宝等，2019）的影响，对于其他方面的影响较少涉足，更少有文献从董事会主要职能的视角探究其影响机制。而董事会作为公司的最高决策机构，对公司的发展方向、投融资以及利润分配等重要战略决策都有关键影响，因此董事海外经历如何影响公司决策是一个值得深入探讨的话题。鉴于此，本书具体探讨了董事海外经历对公司股利分配、投资效率和公司创新的影响，并基于董事会的主要职能探讨了可能的影响机制，以期为这一领域的研究进行有益的补充。

4　董事海外经历与公司股利分配

本章探究董事海外经历对公司股利分配的影响。研究发现：①有海外经历的董事所占比例越高的公司，其股利分配意愿和股利分配水平均显著更高；②董事海外工作经历和学习经历均与公司股利分配之间存在显著的正相关关系；③董事海外经历与公司股利分配之间的正向关联在样本期间所涉及的相关股利分红政策施行之前更强，在相关政策施行之后变弱；④其他治理机制的存在负向调节董事海外经历与公司股利分配之间的正相关关系；⑤董事海外经历与公司股利分配之间的正相关关系在经过一系列内生性分析及稳健性检验之后依然成立。总体而言，本章发现董事海外经历在促进公司股利分配方面发挥着重要作用。

4.1　引言

股利政策是公司金融领域的重要议题，也是股东获取投资回报的一种重要渠道。Shleifer 和 Vishny（1997）认为，如何让经营者返回一些利益给投资者，确保投资者获得投资回报是公司治理的核心问题之一。因此，探究影响公司股利发放的因素对于完善公司治理和保护投资者利益具有重要意义。

在一些发展中国家，公司治理体系缺乏效率，难以约束上市公司主动发放股利。为了保护投资者的合法权益，一些国家采取了强制性股利发放政策，如巴西、智利、哥伦比亚、厄瓜多尔、希腊等国家（La Porta et al.，1998）。王信（2002）指出，强制性派现政策缺乏灵活性，存在一定的局限，因此不能代替完善的股东保护法制和良好的公司治理结构，并强调完善公司治理结构才是决定合理的公司派现的主要因素。

魏刚（1998）和李常青（1999）指出中国上市公司股利政策呈现出以下特征：①股利分配率低并且不分配股利的公司逐年增多；②股利分配形式多样，主要有送股、派现和资本公积金转增这三种方式；③股利政策波动较大，缺乏连续性和稳定性；④股利分配极不规范；等等。基于中国上市公司股利发放意愿不强以及股利发放率较低的现实背景，为引导和规范上市公司的分红行为，中国证券监督管理委员会（以下简称证监会）自2001年以来采取了一系列"半强制分红政策"，所谓半强制分红是指将公司的再融资资格与股利分配挂钩，不满足股利分配要求的上市公司不能进行再融资（李常青等，2010）。

学术界对中国的半强制分红政策给予了很大关注。李常青等（2010）、魏志华等（2014）深入考察了半强制分红政策的作用和实施效果，发现中国的半强制分红政策显著提高了中国资本市场的分红意愿和分红水平，但也存在一定的局限性，例如可能存在"监管悖论"（李常青等，2010），无法约束"铁公鸡"公司分红（魏志华等，2014）等。朱芸阳和王保树（2013）认为公司治理机制不完善不健全是我国上市公司现金分红问题存在的根源，并指出现有的股利分红政策存在一定的局限性。由此可见，良好的公司治理在公司股利分配方面发挥的作用至关重要，不容忽视。

文献研究表明，良好的公司治理可以促进公司的股利发放（Chen et al.，2017a；Crane et al.，2016；Ye et al.，2019；李小荣和罗进辉，2015；吴超鹏和张媛，2017；周县华等，2012）。但已有研究大多关注的是外部治理机制对于股利发放的影响，忽视了内部治理机制在公司股利分配方面的作用。董事会作为公司内部治理机制的核心，在提升公司治理质量方面负有重要职责。特别是对于法律制度比较薄弱的国家，尤其应当重视公司层面的治理问题。鉴于中国资本市场的公司治理现状和信息披露环境（Gul et al.，2010），探讨如何提升董事会在公司治理和股利分配方面所发挥的作用尤为重要。

根据《公司法》（2018版）第四十六条，董事会负责制定公司的利润分配方案。证监会在历年来颁布的关于公司股利分红的相关政策法规中也强调了董事会在公司股利分配方面负有重要的监督职责（本章在后文中对相关政策作了详细梳理）。由此引发了本章的思考：有海外经历的董事能否更好地发挥其监督职能，从而促进公司的股利发放呢？中国每年都有许多人选择出国深造，尤其是到一些发达国家或地区深造，如美国、英国、加拿大、澳大利亚等。根据 Giannetti 等

（2015）的研究，上市公司董事如果曾在中国大陆地区以外的国家或地区学习或工作过，则被视作有海外经历。根据 Yuan 和 Wen（2018）的研究，中国上市公司中有海外经历的管理者他们曾经学习或工作过的国家或地区排名前五的分别是美国、中国香港地区、英国、日本和加拿大。海外的学习或工作经历有助于学到多元化的公司治理实践和管理实践，他们回国后能否将这些知识运用到所任职的公司，促进公司的股利发放呢？综观已有研究，尚未有文献从董事会监督职能的视角去探究董事海外经历对公司股利分配的影响，因此本章对这一问题进行深入分析。

本章采用 2008~2018 会计年度来自 3396 家中国上市公司共 24337 个样本观测值进行研究，发现董事海外经历与公司股利分配之间存在显著的正相关关系，有海外经历的董事占比越高的公司，其股利发放意愿和股利发放水平更高，并且海外工作经历和学习经历均对公司的股利分配有显著的正向影响。进一步探究可能的影响机制发现：①董事海外经历对股利分配的正向影响在样本期间所涉及的相关股利分红政策实行之前更强，实行之后变弱，表明外部政策监管部分替代了董事海外经历在公司股利发放方面所起到的监督作用，这一发现支持了监督机制；②其他治理机制的存在显著负向调节董事海外经历与公司股利分配之间的正相关关系，表明其他治理机制与有海外经历的董事之间存在替代效应，在公司其他治理机制较弱的情况下，有海外经历的董事在监督公司股利分配方面发挥的作用越强，这一发现也支持了监督机制。

本章所发现的董事海外经历与公司股利分配之间的正相关关系在经过倾向得分匹配和工具变量法缓解潜在的内生性问题的影响之后依然成立。并且二者的正相关关系在经过多种稳健性检验之后仍然显著，包括采用股利分配的替代变量，控制滞后一期的股利分配，以及去掉激进股利政策的公司。

总体来看，本章的边际贡献体现在以下两个方面：第一，为促进公司股利分配，完善公司治理，加强对投资者的保护提供了一个有益的视角。第二，已有研究发现良好的公司治理可以促进公司股利分配，提升对投资者的保护，但大多数文献都是从外部治理机制的视角进行探究。本章的发现进一步强调了董事会作为内部治理机制的核心在公司股利分配方面所发挥的重要作用，为完善公司治理提供了一种新思路，也为公司治理实践可以在全球进行传递提供了新的实证证据。此外，丰富了有关董事海外经历的研究，为董事海外经历影响公司决策提供了新的实证证据，也从企业微观层面为政府部门关于"海归"人才引进政策提供了新的依据。

本章其余部分安排如下：4.2节介绍本章的研究背景，回顾相关文献并提出研究假设；4.3节介绍研究设计，包括样本选择、变量定义、模型设定和描述性统计分析；4.4节报告并讨论实证结果；4.5节检验可能的影响机制；4.6节进行内生性分析；4.7节进一步进行稳健性检验；4.8节为本章小结。

4.2 制度背景、文献回顾与研究假设

4.2.1 制度背景

基于中国上市公司股利发放意愿不强以及股利发放率较低的现实背景，为保护投资者利益，引导和规范上市公司的分红行为，中国证监会自2001年以来采取了一系列行动来督促上市公司发放股利。为了便于研究，本节将这些政策总结在表4-1中。

表4-1 相关部门历年来颁布的关于上市公司分红的相关政策

施行时间	文件名称	涉及分红政策的主要内容
2001年3月28日	《上市公司新股发行管理办法》	担任主要承销商的证券公司对于"公司最近3年未有分红派息，董事会对于不分配的理由未作出合理解释"的事项应予以重点关注，并在尽职调查报告中予以说明
2004年12月7日	《关于加强社会公众股股东权益保护的若干规定》	"上市公司董事会未做出现金利润分配预案的，应当在定期报告中披露原因，独立董事应当对此发表独立意见；上市公司最近三年未进行现金利润分配的，不得向社会公众增发新股、发行可转换公司债券或向原有股东配售股份"
2006年5月6日	《上市公司证券发行管理办法》	上市公司公开发行证券应满足"最近三年以现金或股票方式累计分配的利润不少于最近三年实现的年均可分配利润的百分之二十"
2008年10月9日	《关于修改上市公司现金分红若干规定的决定》	上市公司公开发行证券应满足"最近三年以现金方式累计分配的利润不少于最近三年实现的年均可分配利润的百分之三十"

续表

施行时间	文件名称	涉及分红政策的主要内容
2013 年 1 月 7 日	《上海证券交易所上市公司现金分红指引》	"如果上市公司年度报告期内盈利且累计未分配利润为正，但未进行现金分红或拟分配的现金红利总额（包括中期已分配的现金红利）与当年归属于上市公司股东的净利润之比低于30%的，公司应当在审议通过年度报告的董事会公告中详细披露未进行现金分红或现金分红水平较低的原因，且独立董事需要对未进行现金分红或现金分红水平较低的合理性发表独立意见"
2013 年 11 月 30 日	《上市公司监管指引第3号——上市公司现金分红》	"①公司发展阶段属成熟期且无重大资金支出安排的，进行利润分配时，现金分红在本次利润分配中所占比例最低应达到80%；②公司发展阶段属成熟期且有重大资金支出安排的，进行利润分配时，现金分红在本次利润分配中所占比例最低应达到40%；③公司发展阶段属成长期且有重大资金支出安排的，进行利润分配时，现金分红在本次利润分配中所占比例最低应达到20%"

注：根据中国证监会和证交所的相关政策文件整理得到。

2001 年，《上市公司新股发行管理办法》（以下简称《管理办法》）的发布标志着证监会开始关注上市公司的分红行为，但该管理办法并未对公司分红作出明确规定。① 2004 年施行的《关于加强社会公众股股东权益保护的若干规定》（以下简称《规定》）开始对上市公司的股利分配进行半强制性规定，将上市公司的融资资格与公司股利分配挂钩，但对于股利发放比例未作明确规定。② 2006 年施行的《上市公司证券发行管理办法》对于上市公司的现金股利发放比例作了半强制性规定，但对于发放方式未作规定。③ 2008 年施行的《关于修改上市公司现金分红若干规定的决定》（以下简称《决定》）进一步强调了上市公司现金分红的重要性，同时规定了现金股利分配的方式和比例，并在《管理办法》

① 详细内容可以参阅 http：//www.csrc.gov.cn/pub/shenzhen/xxfw/tzzsyd/ssgs/ssgsrz/ssrzfz/200902/t20090226_95616.htm。

② 详细内容可以参阅 http：//www.csrc.gov.cn/tianjin/tjfzyd/tjjflfg/tjbmgz/201210/t20121015_215798.htm。

③ 详细内容可以参阅 http：//www.csrc.gov.cn/pub/newsite/ssb/ssflfg/bmgzjwj/ssbgcz/200906/t20090624_108132.html。

的基础上进一步提高了上市公司的现金分红比例。① 2013 年，上海证券交易所发布的《上海证券交易所上市公司现金分红指引》（以下简称《指引》）进一步规范了上市公司的分红行为，并强调了董事会在公司分红中负有重要职责。② 2013 年，证监会发布的《上市公司监管指引第 3 号——上市公司现金分红》（以下简称《3 号指引》）提出了差异化的现金分红政策，对于处在不同情况的公司施行不同的分红政策，进一步推进了上市公司的现金分红工作。③

4.2.2　文献回顾与研究假设

Miller 和 Modigliani （1961） 提出了"股息无关论" （Dividend Irrelevance Theory），该理论认为在一个完美的资本市场中，是否发放股息对公司价值或者对投资者而言并没有实质性影响。然而，在实际的资本市场中，股利发放却是一种普遍现象，Black （1976） 将其称之为"股息之谜" （Dividend Puzzle）。学术界对于"股息之谜"展开了热烈的讨论，其中主流的理论包括股利信号理论 （Signaling Theory） 和股利代理理论 （Agency Theory）。股利信号论最早起源于 Lintner （1956），该理论认为公司管理者和投资者之间存在信息不对称，股利分配可以作为管理者向外界投资者发出的关于公司未来盈利状况和发展前景的信号：股利支付率越高，意味着公司未来的盈利前景越好 （Bhattacharya， 1979）。

股利代理理论源自 Jensen 和 Meckling （1976） 的研究，该理论认为股利分配可以作为一种减少公司代理成本的有效工具 （Easterbrook， 1984； Fluck， 1999； Hart and Moore， 1994； Jensen， 1986； Zwiebel， 1996）。经理人和股东之间存在利益冲突 （Fama and Jensen， 1983； Jensen and Meckling， 1976； Shleifer and Vishny， 1997），代理人作为理性"经济人"可能会利用公司资源来谋求自身利益的最大化而非股东利益的最大化 （Jensen， 1986），从而导致较低的股利分配 （Faccio et al. ， 2001； Glendening et al. ， 2016）。股利代理理论的核心代表人物之一 Easterbrook （1984） 指出，股利分配可以作为一种提升公司治理的工具，因为发放股利可以减少公司的自由现金流 （Free Cash Flow），从而减少公司经理人的自

---

① 详细内容可以参阅 http：//www. csrc. gov. cn/pub/shenzhen/ztzl/ssgsjgxx/jgfg/sszl/201506/t20150612_278993. htm。

② 详细内容可以参阅 http：//www. sse. com. cn/lawandrules/sserules/listing/stock/c/c_20150912_3985859. shtml。

③ 详细内容可以参阅 http：//www. csrc. gov. cn/pub/newsite/zjhxwfb/xwdd/201311/t20131130_239076. html。

由裁量权（Discretion of Insider），另外，较少的自由现金流又可以促使经理人寻求外部融资，从而使他们受到来自股票/信贷分析师、媒体以及机构投资者等多方面的监督，从而缓解代理问题。

国内学者广泛探究了这两种经典的股利理论在解释中国上市公司股利政策方面的适用性。关于股利信号理论的探究并未得出一致的结论。孔小文和于笑坤（2003）、魏刚（1998）的研究支持了股利信号理论。陈浪南和姚正春（2000）指出股票股利（红股）有信号传递作用，但现金股利不具有信号传递作用。杨熠和沈艺峰（2004）对比了两种理论对于我国上市公司现金股利发放的解释力，结果表明股利代理理论比信号理论具有更强的解释力。罗宏（2006）探究了公司治理对于上市公司现金股利政策的影响，认为信号理论不太适用于我国上市公司的股利分配，而代理理论能够解释我国上市公司的现金股利政策。吕长江和许静静（2010）、吕长江和张海平（2012）发现我国上市公司的现金股利发放不存在信号传递效应。

股利代理理论在解释中国上市公司的股利政策方面与美、英等国家存在较大差别。西方传统的股利代理理论认为股利分配可以减缓代理问题，发放股利意味着对投资者的保护（Easterbrook，1984），并且在法律对投资者保护越强的国家，公司的股利发放率越高（La Porta et al.，2000b）。与美、英等以股权分散为主要特征的国家不同，中国上市公司存在股权相对集中的特点，代理问题不仅包括公司所有者与经理人之间的代理问题（以下简称第一类代理问题），还包括大股东与小股东之间的代理问题（以下简称第二类代理问题）（冯根福，2004）。因此，基于股利代理理论分析中国上市公司股利分配的文献存在两种不同观点：一种与西方传统的股利代理理论的观点一致，认为发放现金股利可以缓解代理问题，是对中小投资者的一种保护（La Porta et al.，2000b；Lang and Litzenberger，1989；魏志华等，2017；徐寿福和徐龙炳，2015；杨熠和沈艺峰，2004）。与之相反，另一种观点则认为现金股利是大股东侵占小股东利益的一种手段，并没有反映中小投资者的利益和愿望（陈信元等，2003；肖珉，2005），这种利益侵占源自中国"同股同权不同价"的特殊现象，控股股东所持有的非流通股的价格远低于流通股价格，这导致了控股股东从相同现金股利分配中得到的收益率远高于小股东的收益率（吕长江和周县华，2005）。

虽然已有研究并未得出一致的结论，但总的来说，在股权分置改革完成之后的大多数文献都倾向于支持"股利分配有助于降低两类代理成本，有利于保护中小投资者利益"这一观点（魏志华等，2017；肖珉，2010；徐寿福和徐龙炳，2015）。原因主要有以下几点：①股权分置改革之后，股利分配的利益侵占假说不再成立，因为利益侵占源自股权分置所导致的"同股同权不同价"的现象，而中国资本市场从 2005 年起开始施行股权分置改革到 2007 年基本完成改革，此后，国有股和非流通股的比例大幅缩减，流通股比例大幅增加，证券市场化程度得到有效提高。非流通股获得了流通权使得控股股东不再依赖分红获得投资回报补偿，这极大地削弱了控股股东通过现金分红掏空上市公司的制度激励（廖理和张学勇，2008；支晓强等，2014）。支晓强等（2014）还指出，在股权分置改革后上市公司现金股利政策更加注重中小投资者的偏好。②大股东对于公司的掏空方式是多种多样的，在股权分置改革之前，尽管股利分配可能会让中小股东利益不自觉地被侵占，但现金股利比起其他掏空方式更为合法（王化成等，2007），相对于留存收益被全部攫取掏空而言，股利分配至少可以让小股东不至于一无所有（吕长江和周县华，2005）。③证监会自 2001 年起出台的一系列督促上市公司股利发放的相关指引和政策也强有力地说明了股利分配有助于保护中小投资者的利益。

La Porta 等（2000b）利用来自全球 33 个国家共 4103 家公司在 1994 年度的股利发放的数据研究发现，法律对于股东保护的完善程度与公司派现比率之间存在显著的正相关关系。Allen 等（2005）指出，中国在公司治理方面落后于 La Porta 等（1998）、La Porta 等（1997）和 Levine（2002）的研究样本中的许多国家。中国上市公司的股利发放水平要低于投资者保护很强的国家的公司的股利发放水平（Allen et al.，2005；Huang et al.，2011；Tao et al.，2016）。发放股利的公司占比也要低于 Aggarwal 等（2011）的研究样本中发放股利的公司占比（Firth et al.，2016）。[①] 许多公司即便盈利也不发放股利，因而被形象地称为"铁公鸡"（魏志华等，2014）。

那如何提高投资者保护相对较弱、公司治理不够完善的国家的上市公司的股利分配呢？一方面可以通过相关部门制定关于股利发放的政策进行监管，另一方面则是通过提升公司治理质量。文献研究指出，良好的公司治理可以促进股利发放，如 Crane 等（2016）发现，机构投资者持股比例越高有助于更好地发挥对公

---

① 根据 Firth 等（2016）的研究，中国向股东支付股利的上市公司所占比例从 2003 年的 48.39%增加到 2011 年的 62.27%。但是，相比 Aggarwal 等（2011）的研究样本的数据，在 2003~2007 全球 22 个国家当中，向股东发放股利的公司占比的平均值为 75%。

司行为的监管，从而提高公司的股利发放水平，并且在代理问题越严重的公司中，机构投资者持股对公司股利发放的促进作用更强。罗宏（2006）研究发现治理水平更好的公司更倾向于分配现金股利。周县华等（2012）发现治理水平较高的上市公司会吸引更多的境外投资者，而更多的境外投资者持股又会促进现金股利分配。李小荣和罗进辉（2015）发现，媒体关注作为一种重要的外部治理机制有助于督促上市公司发放股利。吴超鹏和张媛（2017）研究发现风险投资可以发挥监督和治理功能，从而提高公司的现金股利发放意愿和水平。

以上文献主要是从外部治理机制的视角探究公司治理对股利政策的影响。董事会作为内部治理机制的核心，对公司股利政策有着重要影响。Hu 和 Kumar（2004）发现董事会独立性可以促进公司分配股利。Chen 等（2017a）和 Ye 等（2019）发现女性董事可以更好地发挥监督职能，促进公司股利分配。陈立泰和林川（2011）发现董事会的治理程度越高（优秀的董事会）可以促进公司发放股利。杜兴强和谭雪（2017）发现外籍董事能提升公司的股利发放效率。[①]

由此引发了本书的思考：有海外经历的董事能否更好地发挥其监督职能，提升公司治理质量，从而促进公司股利发放呢？根据烙印理论，个人在敏感时期的经历会对其认知产生影响（Marquis and Tilcsik，2013），根据高层梯队理论，公司决策者的认知和价值观又会进一步影响公司的经营决策（Hambrick，2007；Hambrick and Mason，1984）。基于此，本章猜测董事海外经历会影响公司决策。

具体来讲，本章猜测董事海外经历有助于促进公司股利分配，原因在于：关于董事海外经历的研究指出董事海外经历有助于提升公司治理质量，例如，Giannetti 等（2015）发现董事海外经历有助于降低公司的盈余管理活动，这意味着公司治理质量的提升；Iliev 和 Roth（2018）发现公司的董事如果同时在国外公司担任董事的话，他们会学习国外公司董事会的好的公司治理实践并运用到本国公司，从而提升本国公司的治理质量。综上所述，本章猜测，海外经历有助于董事学到先进的公司治理实践，促使其更好地发挥其监督职能，从而促进公司的股利发放。为此，本章的基本假设如下：

假设4-1：董事海外经历有助于促进公司的股利分配。

本章4.2.1节中详细介绍了证监会历年来为规范和指引上市公司分红所颁布

---

① 这里需要强调的是，杜兴强和谭雪（2017）所探究的外籍董事与本书所研究的有海外经历的董事是两个不同的概念，杜兴强和谭雪（2017）将外籍董事定义为董事会中的外国人和港澳台人士，而本书中有海外经历的董事是指曾在中国大陆地区以外的国家或地区学习或工作过的董事。

的一系列政策，已有文献对主要政策的实施效果进行了探究，发现它们显著提升了上市公司的分红意愿和分红水平（He and Li，2018；李常青等，2010；魏志华等，2014）。这些政策提供了关于公司股利分配的外部监督，因此可能会部分替代掉其他治理机制对现金股利分配的影响。鉴于此，本章猜想，董事海外经历对公司股利分配的影响在相关股利政策施行之前更强，在相关股利政策施行之后更弱。由此提出假设如下：

假设4-2：董事海外经历对公司股利分配的促进作用在相关股利政策施行之前更强，在相关股利政策施行之后变弱。

已有文献发现有多种公司治理机制都可以发挥监督公司管理者和减缓代理问题的作用（Agrawal and Knoeber，1996），包括外部治理机制和内部治理机制（Armstrong et al.，2010；Rediker and Seth，1995）。Rediker 和 Seth（1995）研究发现各种治理机制之间存在互相替代（Substitution）的效应，已有许多文献均为这一观点提供了支持性证据（Chen et al.，2017b；Chen et al.，2017c；Jiang et al.，2018；Rajkovic，2020；Sun，2009；To et al.，2018；Wang et al.，2020）。基于此，本章猜想在其他治理机制较弱的情况下，"海归"董事的监督治理作用更加能够凸显出来。如果公司本身的治理机制很完善，公司治理质量很好，那么这些公司治理机制会部分地替代掉"海归"董事在提升公司治理和促进公司股利发放方面的作用，所以在其他治理机制较强的情况下，有海外经历的董事在促进公司股利分配方面发挥出的作用就会减弱。因此，本章提出以下假设：

假设4-3：其他治理机制的存在会弱化董事海外经历对股利分配的影响。

4.3　研究设计

4.3.1　样本选取与数据来源

本章的初始样本包括 2008～2018 年中国非金融类 A 股上市公司。为了力求数据的准确性和可靠性，参照魏志华等（2014）的做法并结合本章所要研究的话题，按照以下原则对初始样本进行了筛选：①剔除金融行业上市公司，因为这类公司存在行业特殊性；②剔除发行 B 股或 H 股的公司并剔除外资企业[①]，因为这类公司可能面临与其他国内公司不同的监管环境；③剔除亏损当年仍然发放股利的公司；④剔除样本期间内被标为 ST 或 *ST 的公司，因为这类公司通常面临财务困境；⑤剔除数据不全的公司。最终获得了 24337 个样本观测值（Observations），涵盖了 3396 家上市公司。本章对所有连续变量按 1% 和 99% 分位进行了缩尾处理（Winsorize），以避免极端值对回归结果造成的干扰。本章使用的所有财务数据、董事海外经历的相关数据均来自 CSMAR（China Stock Market & Accounting Research）数据库。关于机构投资者持股比例的数据从 Wind 数据库下载，公司基本信息等相关数据从中国研究数据服务平台（China Research Data Service，CNRDS）下载。本章样本从 2008 年开始，截至 2018 年，因为本书写作时，CSMAR 数据库中关于董事海外经历的数据起始于 2008 年，截止于 2018 年。

4.3.2 变量定义

本节对本章主要变量的选取与定义进行说明，包括因变量、解释变量以及控制变量。

4.3.2.1 因变量

与国内已有的研究公司股利分配的相关文献一致（魏志华等，2017；魏志华等，2012，2014；魏志华等，2012），本章基于公司的股利发放意愿和股利发放水平这两个角度来考察董事海外经历对公司现金股利政策的影响。股利发放意愿指公司是否发放股利，用虚拟变量 *Payer* 来衡量，如果公司在第 t 年发放了现金股利，则 *Payer* 取 1，否则取 0。参照 Chen 等（2017a）、Goyal 等（2020）以及陈运森等（2019）的做法，本章对于股利发放水平的衡量主要有以下几种方式：①股利支付率（*Payout*），等于公司第 t 年发放的现金股利总额除以公司当年的净利润，[②] 衡量的是股利支付的相对水平；②每股股利（*DPS*），等于公司第 t 年发放的现金股利总额除以总股数，衡量的是股利支付的绝对水平；③*Dividends/Sales*，等于公司第 t 年发放的现金股利总额除以公司当年的营业收入；④*Divi-*

---

① 根据 CSMAR 数据库中对上市公司按照股权性质的分类，上市公司的股权性质包括四种：国有、民营、外资和其他。由于本章的研究话题涉及董事海外经历，考虑到外资企业更有可能聘请有海外经历的董事，同时外资企业的股利政策有可能跟其他国有或民营企业不同，为了避免这一潜在因素对本章所要研究的话题的影响，本章去掉了外资企业。

② 现金股利总额除以公司当年的净利润也等于每股现金股利除以每股净利润。

董事海外经历与公司决策：多维影响与机制分析

dends/TA，等于公司第 *t* 年发放的现金股利总额除以公司当年的总资产。其中，第一种衡量方式（*Payout*），控制了盈利水平的影响，有助于提高不同盈利水平公司间股利支付水平的可比性，因而被已有文献广泛采用（Chay and Suh，2009；全怡等，2016；魏志华等，2017；魏志华等，2012，2014；魏志华等，2012）。因此，本章也采用现金股利除以净利润（*Payout*）作为衡量股利支付水平的基准指标，再采用其他几种衡量方式进行稳健性检验。

4.3.2.2 解释变量

本章的主要解释变量是董事海外经历。借鉴 Giannetti 等（2015）的研究，上市公司董事会成员如果曾在中国大陆地区以外的国家或地区学习或工作过，则被视作有海外经历，具体采用有海外经历的董事人数占董事会总人数的比例进行衡量，用 *Overseas* 来表示。本章还采用了另外两种衡量董事海外经历的指标作为稳健性检验，包括上市公司每年有海外经历的董事的总人数（*Overseas Number*）和哑变量（*Overseas Dummy*），如果公司有至少 1 位董事有海外经历，则（*Overseas Dummy*）取值为 1，否则取 0。

4.3.2.3 控制变量

借鉴已有文献（Firth et al.，2016；陈运森等，2019；魏志华等，2014），本章的控制变量涵盖了可能影响公司股利分配的变量，具体包括反映公司特征的变量和反映董事会特征的变量。公司特征变量包括：①公司规模（*Size*），用公司总资产的自然对数来衡量；②负债比率（*Leverage*），用公司总负债与公司市场价值的比值来衡量；③经营性现金流（*OCF*），用公司经营活动产生的现金流量净额除以公司年末总资产衡量；④资产收益率（*ROA*），用净利润除以公司年末总资产衡量；⑤留存收益（*Retained*），用公司年末的盈余公积和未分配利润之和除以公司年末总资产进行衡量；⑥成长性，用公司营业收入增长率（*Growth*）和托宾 Q（*TQ*）进行衡量；⑦股票收益率波动（*Volatility*），用公司一年内股票日收益率的标准差来衡量；⑧股权性质（*SOE*），国有企业取值为 1，否则取 0。董事会特征变量包括：①董事会规模（*Board Size*），指董事会总人数；②独立董事占比（*Ind Directors*），指独立董事人数占董事会总人数的比例；③女性董事占比（*Female*），指女性董事人数占董事会总人数的比例；④第一大股东持股比例（*Largest Share*），指公司第一大股东持股数量占公司总股数的比例。

本章主要变量的定义如表 4-2 所示。

表 4-2 董事海外经历与公司股利分配研究的主要变量定义和说明

变量名称	变量符号	变量描述
股利支付意愿	*Payer*	如果公司在会计年度内发放过现金股利，取值为 1，否则为 0
股利支付水平	*Payout*	股利支付率=现金股利总额/净利润
股利支付水平	*DPS*	每股现金股利=现金股利总额/总股数
股利支付水平	*Dividends/Sales*	现金股利总额/营业收入
股利支付水平	*Dividends/TA*	现金股利总额/总资产
董事海外经历	*Overseas*	有海外经历的董事人数/董事会总人数
董事海外经历	*Overseas Number*	有海外经历的董事人数
董事海外经历	*Overseas Dummy*	哑变量，如果公司有至少 1 位董事有海外经历，则取值为 1，否则为 0
公司规模	*Size*	公司总资产的自然对数
负债比率	*Leverage*	总负债/公司市场价值
经营性现金流	*OCF*	经营性现金流量净额/总资产
资产收益率	*ROA*	净利润/总资产
留存收益	*Retained*	（盈余公积+未分配利润）/总资产
成长性	*Growth*	营业收入的增长率
成长性	*TQ*	托宾 Q=（流通股的市场价值+非流通股的账面价值+总负债的账面价值）/总资产
股票收益率波动	*Volatility*	公司一年内的股票日收益率的标准差
股权性质	*SOE*	国有企业取值为 1，否则取 0
董事会规模	*Board Size*	董事会总人数
独立董事占比	*Ind Directors*	独立董事人数/董事会总人数
女性董事占比	*Female*	女性董事人数/董事会总人数
第一大股东持股比例	*Largest Share*	第一大股东持股数量/公司股本数量

4.3.3 模型设定

为检验董事海外经历对公司股利发放意愿的影响，本章借鉴魏志华等（2014）、魏志华等（2012）、吴超鹏和张媛（2017）的方法，构建如下 Logit 回归模型，见式（4-1）：

$$Logit(Payer_{i,t}) = \alpha + \beta \times Overseas_{i,t} + \lambda Controls_{i,t} + Year_t + Industry_j + \varepsilon_{i,t} \qquad (4-1)$$

其中，i 表示公司，t 表示年份。因变量为股利支付哑变量（$Payer_{i,t}$），表示上市公司 i 在第 t 年是否发放现金股利，如果发放了现金股利，则取值为 1，否则取 0。解释变量为董事会中有海外经历的董事人数占董事会总人数的比例（$Overseas$），$Controls$ 表示控制变量，包括 4.3.2 节中阐述的所有控制变量，即公司规模（$Size$）、负债比率（$Leverage$）、经营性现金流（OCF）、资产收益率（ROA）、留存收益（$Retained$）、营业收入增长率（$Growth$）、托宾 Q（TQ）、股票收益率波动（$Volatility$）、股权性质（SOE）、董事会规模（$Board\ Size$）、独立董事占比（$Ind\ Directors$）、女性董事占比（$Female$）以及第一大股东持股比例（$Largest\ Share$）。$Year_t$ 表示年份固定效应，$Industry_j$ 表示行业固定效应，行业分类标准依据中国证监会行业分类标准，制造业按照二级行业划分，其他行业按照一级行业划分，$\varepsilon_{i,t}$ 表示误差项。

为检验董事海外经历对公司股利发放水平的影响，本章借鉴 Brockman 和 Unlu（2009）、Chay 和 Suh（2009）、魏志华等（2012，2014，2017）等的方法，构建如下 Tobit 回归模型[①]，见式（4-2）：

$$Tobit(Payout_{i,t}) = \alpha + \beta \times Overseas_{i,t} + \lambda Controls_{i,t} + Year_t + Industry_j + \varepsilon_{i,t} \qquad (4-2)$$

其中，因变量为股利支付率（$Payout_{i,t}$），等于上市公司 i 在第 t 年发放的现金股利总额除以当年的净利润，其他变量及模型设定均与式（4-1）相同。

本章所有回归模型中关于股利发放的年度是指的会计年度，由于中国上市公司股利政策通常是在会计年度的下一年确定，一般在次年的 1~4 月随年报一起公布，因此本章的模型中对于解释变量和控制变量使用的会计年度与因变量的会计年度相同，这与已有文献的做法一致（魏志华等，2014；吴超鹏和张媛，2017）。此外，本章遵循 Petersen（2009）的建议，对所有回归模型估计的标准误进行了公司层面的聚类处理（Cluster）。

4.3.4 描述性统计分析

4.3.4.1 公司股利支付的描述性统计

表 4-3 的 A 栏和 B 栏分别展示公司股利支付按照年份和行业的统计数据。A

---

① 参照已有文献，对股利支付水平的研究采用 Tobit 模型，因为股利支付率（$Payout$）属于截堵数据（Censored Data），左侧受限点为 0，本章样本中约有 27% 的样本观测值的股利支付率等于 0。

栏的每一列分别代表年份（*Year*）、当年的样本公司总数（*Obs*）、当年发放股利的样本公司数量（*Payout>0 Number*）、当年发放股利的样本公司数量占当年样本公司总数的比例（*Payout>0 Ratio*）以及当年所有样本公司的股利支付率的平均值（*Payout Mean*）。由 A 栏可知，本章的样本中发放股利的公司数量从 2008～2018 年整体上呈上升的趋势。2008 年，有 58.3%的公司发放股利，这一比值在随后 4 年中逐年增加，截至 2012 年达到 75.8%，在接下来几年里波动变化，最高在 2017 年达到 81.6%，在 2018 年又降到了 73.5%。每年所有公司的平均股利支付率（*Payout*）在 2008～2018 年波动较大，2008 年的平均股利支付率为 22.6%，表示平均而言，公司会将净利润的 22.6%用于发放股利，更直观地讲，即平均来看公司每获得 1 元的净利润时会拿出 0.226 元用于发放股利。平均股利支付率最低在 2009 年为 22.2%，最高在 2012 年达到了 29.5%。2018 年的平均股利支付率为 26.2%。

表 4-3 中，B 栏的每一列分别代表行业（*Industry*）、每个行业的样本公司总数（*Obs*）、每个行业发放股利的样本公司数量（*Payout>0 Number*）、每个行业发放股利的样本公司数量占该行业样本公司总数的比例（*Payout>0 Ratio*）以及每个行业所有公司的股利支付率的平均值（*Payout Mean*）。由 B 栏可以看出，发放股利的公司占当年公司总数的比例在各行业之间存在较大差别，最高的是行业 P（教育），有 88.9%的公司发放股利，接下来是行业 Q（卫生和社会工作）和行业 H（住宿和餐饮业），分别有 83.3%和 75.8%的公司发放股利。最低的则是行业 A（农、林、牧、渔业），仅有 34.5%的公司发放股利。各行业所有公司的平均股利支付率也存在较大差异，平均股利支付率最高的行业为行业 Q（卫生和社会工作），支付率为 31.4%。接下来是分别是行业 M（科学研究和技术服务业）（15.4%），行业 I（信息传输、软件和信息技术服务业）（15.2%），行业 O（居民服务、修理和其他服务业）（15.1%）和行业 H（住宿和餐饮业）（15.3%）。平均股利支付率最低的是行业 D（电力、热力、燃气及水生产和供应业），其平均股利支付水平为 4.9%。制造业（行业 C）是观测值最多的行业，共有 15669 个观测值，其中有 52.4%的公司发放股利，该行业的平均股利支付率为 10.5%。教育行业（行业 P）的观测值最少，仅有 9 个，其中有 8 个观测值发放了股利，该行业的平均股利支付水平为 12.3%。

表 4-3　股利支付按照年份和行业的描述性统计

A 栏：By year

Year	Obs	Payout>0 Number	Payout>0 Ratio	Payout Mean
2008	1295	755	0.583	0.226
2009	1422	857	0.603	0.222
2010	1709	1149	0.672	0.235
2011	2001	1446	0.723	0.257
2012	2183	1655	0.758	0.295
2013	2205	1666	0.756	0.266
2014	2236	1647	0.737	0.260
2015	2391	1724	0.721	0.263
2016	2638	2047	0.776	0.276
2017	3040	2481	0.816	0.277
2018	3217	2364	0.735	0.262

B 栏：By industry

Industry	Obs	Payout>0 Number	Payout>0 Ratio	Payout Mean
A	400	138	0.345	0.059
B	598	303	0.507	0.107
C	15669	8216	0.524	0.105
D	836	302	0.361	0.049
E	652	348	0.534	0.102
F	1343	632	0.471	0.087
G	799	406	0.508	0.099
H	91	69	0.758	0.153
I	1424	936	0.657	0.152
K	1105	618	0.559	0.109
L	284	134	0.472	0.092
M	195	126	0.646	0.154
N	226	119	0.527	0.122
O	51	29	0.569	0.151
P	9	8	0.889	0.123
Q	30	25	0.833	0.314
R	280	135	0.482	0.110
S	345	145	0.420	0.067

4.3.4.2　董事海外经历的描述性统计

表 4-4 的 A 栏和 B 栏分别展示了董事海外经历按照年份和行业的统计数据。A 栏的每一列分别代表年份（Year）、当年的样本公司总数（Obs）、当年聘请了至少 1 位"海归"董事的样本公司数量（Overseas>0 Number）、当年聘请了至少 1 位"海归"董事的样本公司数量占当年样本公司总数的比例（Overseas > 0 Ratio）以及当年所有样本公司的有海外经历的董事占董事会总人数比例的平均值（Overseas Mean）。由 A 栏可以看出，2008 年，有 39.1% 的公司聘请了有海外经历的董事任职，在接下来的几年里，越来越多的公司聘请有海外经历的董事任职，到 2012 年，有一半（50%）的公司都有至少 1 位董事有海外经历，这一比例在 2016 年达到最高值 58.7%。有海外经历的董事人数占董事会总人数的比例（Overseas）的平均值从 2008~2018 年整体呈上升趋势，中间略有波动。2008 年，有海外经历的董事占比的平均值为 0.063，在 2017 年达到最高，为 0.126，在 2018 年为 0.112，这表示，平均而言，在一个有 10 名董事的公司中大约有 1 名董事有海外经历。

表 4-4 中，B 栏的每一列分别代表行业（Industry）、每个行业的样本公司总数（Obs）、每个行业中聘请了至少 1 位"海归"董事的样本公司数量（Overseas>0 Number）、每个行业中聘请了至少 1 位"海归"董事的样本公司数量占该行业样本公司总数的比例（Overseas>0 Ratio）以及每个行业所有样本公司的"海归"董事占董事会总人数的比例的平均值（Overseas Mean）。可以看出，聘请"海归"董事的公司占该行业公司总数的比例最高的行业是行业 O（居民服务、修理和其他服务业），其中 86.3% 的公司都聘请了至少 1 位"海归"董事，排在第二和第三的分别是行业 M（科学研究和技术服务业）（85.9%）和行业 R（文化、体育和娱乐业）（84.2%），排在最末的是行业 P（教育），9 个观测值中仅有 2 个观测值有至少 1 位董事有海外经历，比例仅有 22.2%。但就每个行业 Overseas 的均值（Overseas Mean）而言，行业 P（教育）却是最高的，其值为 0.109，即在有 10 名董事的公司中大约有 1 名董事有海外经历。Overseas 的均值最低的行业是行业 E（建筑业），其值为 0.013。

表4-4 董事海外经历按照年份和行业的描述性统计

A栏：By year

Year	Obs	Overseas>0 Number	Overseas>0 Ratio	Overseas Mean
2008	1295	506	0.391	0.063
2009	1422	606	0.426	0.076
2010	1709	784	0.459	0.103
2011	2001	992	0.496	0.107
2012	2183	1092	0.500	0.098
2013	2205	1143	0.518	0.095
2014	2236	1211	0.542	0.106
2015	2391	1374	0.575	0.118
2016	2638	1549	0.587	0.108
2017	3040	1770	0.582	0.126
2018	3217	1662	0.517	0.112

B栏：By industry

Industry	Obs	Overseas>0 Number	Overseas>0 Ratio	Overseas Mean
A	406	213	0.525	0.042
B	614	421	0.686	0.036
C	16223	11659	0.719	0.037
D	836	593	0.709	0.049
E	662	546	0.825	0.013
F	1396	984	0.705	0.017
G	821	677	0.825	0.064
H	97	52	0.536	0.050
I	1444	1165	0.807	0.046
K	1208	773	0.640	0.041
L	293	209	0.713	0.040
M	191	164	0.859	0.048
N	236	180	0.763	0.049
O	51	44	0.863	0.029
P	9	2	0.222	0.109
Q	41	28	0.683	0.035
R	278	234	0.842	0.040
S	366	178	0.486	0.054

4.3.4.3 主要变量的描述性统计

表4-5 报告了本章主要变量的描述性统计，包括本章所有样本观测值的数量（Obs）、均值（Mean）、标准差（Std）、最小值（Min）、中位数（Median）和最大值（Max）。可以看出，*Payer* 的均值为 0.731，这表示本章的样本中，有 73.1% 的观测值都发放过股利，平均股利支付率（*Payout*）为 26.2%，即股利支付总额占净利润的 26.2%。每股现金股利（*DPS*）的均值为 0.118 元。*Overseas* 的均值为 0.105，表示平均而言，一个有 10 名董事的公司中大约有 1 名董事有海外经历。

表4-5 董事海外经历与公司股利分配研究的主要变量描述性统计

变量	Obs	Mean	Std	Min	Median	Max
Payer	24337	0.731	0.443	0	1	1
Payout	24337	0.262	0.291	0	0.207	1.710
DPS	24337	0.118	0.169	0	0.060	1
Dividends/Sales	24337	0.029	0.042	0	0.014	0.243
Dividends/TA	24337	0.013	0.018	0	0.007	0.093
Overseas	24337	0.105	0.138	0	0.071	0.667
Overseas Number	24337	0.951	1.230	0	1	6
Overseas Dummy	24337	0.521	0.500	0	1	1
Size	24337	22.000	1.310	19.300	21.900	27.100
Leverage	24337	0.282	0.202	0.015	0.233	0.884
OCF	24337	0.04	0.074	−0.208	0.042	0.251
ROA	24337	0.037	0.091	−4.950	0.038	0.590
Retained	24337	0.149	0.203	−1.510	0.158	0.533
Growth	24337	0.162	0.344	−0.604	0.116	2.080
TQ	24337	2.040	1.330	0.905	1.620	9.710
Volatility	24337	0.031	0.010	0.013	0.029	0.063
SOE	24337	0.408	0.491	0	0	1
Board Size	24337	9.320	2.650	4	9	19
Ind Directors	24337	0.363	0.093	0.188	0.357	0.750
Female	24337	0.161	0.154	0	0.125	0.750
Largest Share	24337	0.352	0.149	0.085	0.334	0.750

4.4　实证结果与分析

4.4.1　单变量分析：董事海外经历与股利发放

本小节运用单变量分析的方法检验董事海外经历对公司股利发放的影响。首先将样本分为两个子样本，一个子样本中每一个观测值都有至少 1 位董事有海外经历（$Overseas>0$）。另一个子样本所有观测值均没有董事有海外经历（$Overseas=0$）。我们主要关注这两个子样本在股利发放方面是否存在显著差异，对于股利发放的衡量包括 4.3.2 中阐述的 5 种衡量方式，即是否发放股利（$Payer$）、股利总额除以净利润（$Payout$）、每股股利（DPS）、股利总额除以营业收入（$Dividends/Sales$），以及股利总额除以总资产（$Dividends/TA$）。单变量检验的结果展示在表 4-6 中，第（1）列表示聘请了至少 1 位"海归"董事的公司组成的子样本在 5 个股利发放指标上的均值，第（2）列表示没有聘请"海归"董事的公司组成的子样本在 5 个股利发放指标上的均值，第（3）列为前两列的均值之差，第（4）列检验第（3）列的差异是否显著。观察表 4-6 可以发现，不管采用哪种方式衡量公司股利发放，这两组子样本在公司股利发放意愿和股利发放水平上均存在显著差异，并且这种差异均在 1% 的水平上显著。那些聘请了"海归"董事的公司的股利发放意愿和股利发放水平均显著高于那些没有聘请"海归"董事的公司。

当然，单变量分析只是对董事海外经历对公司股利分配的影响进行一个初步的分析，公司股利分配还要受到其他一些公司层面特征因素的影响，为确保研究结果的准确性，我们在后续的多元回归中进一步控制了可能影响公司股利发放的变量后再详细分析。

表 4-6　单变量分析：董事海外经历与公司股利发放

变量	(1)	(2)	(3)	(4)
	$Overseas>0$	$Overseas=0$	(1) － (2)	$t\text{-}value$
	Mean	Mean	Diff	
$Payer$	0.765	0.694	0.070***	(12.381)

续表

变量	（1） Overseas>0 Mean	（2） Overseas=0 Mean	（3） （1）-（2） Diff	（4） t-value
Payout	0.273	0.250	0.023***	（6.165）
DPS	0.130	0.105	0.025***	（11.795）
Dividends/Sales	0.031	0.026	0.005***	（8.577）
Dividends/TA	0.015	0.012	0.002***	（10.766）
N	12689	11648	24337	

注：***、**、*分别表示在1%、5%、10%水平上显著。

4.4.2 多元回归分析：董事海外经历与股利发放意愿

本小节采用多元回归分析检验董事海外经历对公司股利发放意愿的影响，具体采用 Logit 回归估计式（4-1）。回归结果报告在表4-7中，因变量为公司股利发放意愿（Payer），如果公司发放股利则取值为1，否则为0。解释变量为董事海外经历，在第（1）~第（3）列分别用 Overseas、Overseas Number 和 Overseas Dummy 进行衡量。Overseas 表示有海外经历的董事人数占董事会总人数的比例，Overseas Number 表示有海外经历的董事总人数，Overseas Dummy 是一个哑变量，如果公司有至少1位董事有海外经历，则取值为1，否则取0。表4-7的第（4）列检验了两种不同类型的海外经历，即海外工作经历和海外学习经历，对股利发放意愿的影响，Overseas Work 表示有海外工作经历的董事人数占董事会总人数的比例，Overseas Education 表示有海外学习经历的董事人数占董事会总人数的比例。

观察表4-7的结果可以看出，解释变量的估计系数在所有回归中全部为正，且无论在统计意义上还是经济意义上都十分显著，这表明董事海外经历与公司股利发放意愿之间存在显著的正相关关系。首先看第（1）列，Overseas 的估计系数为0.781并且在1%的水平上显著，这表明，董事会中有海外经历的董事占比每增加1%，公司发放股利的概率将提高78.1%。其次看第（2）列，Overseas Number 的系数为0.079并且也在1%的水平上显著，从经济意义上看，这表示董事会中有海外经历的董事人数每增加1%，公司的股利支付概率将提高7.9%。再次看第（3）列，Overseas Dummy 的系数为0.121且在5%的水平上显著，表示有至少1位"海归"董事的公司要比没有"海归"董事的公司的股利支付概率要高12.1%。最后看第（4）列，*Overseas Work* 和 *Overseas Education* 的估计系数分别为1.092（t 值=2.95）和0.755（t 值=2.47），均显著为正，表明海外工作经历和海外学习经历均对公司的股利支付意愿有显著正向的影响，并且海外工作经历的影响要比海外学习经历的影响更大。总的来说，表4-7的结果支持了本章假设4-1。

表4-7中控制变量的估计系数显示，规模越大、资产回报率越高、留存收益越多的公司越有可能发放股利，但成长性越高的公司发放股利的概率更低。女性董事占比和第一大股东持股比例与股利发放意愿之间存在正相关关系。

表4-7　多元回归分析：董事海外经历与公司股利发放意愿

变量	（1） Payer	（2） Payer	（3） Payer	（4） Payer
Overseas	0.781*** (3.87)			
Overseas Number		0.079*** (3.42)		
Overseas Dummy			0.121** (2.34)	
Overseas Work				1.092*** (2.95)
Overseas Education				0.755** (2.47)
Size	0.288*** (7.45)	0.287*** (7.42)	0.295*** (7.65)	0.291*** (7.55)
Leverage	−0.348 (−1.48)	−0.343 (−1.46)	−0.372 (−1.59)	−0.361 (−1.54)
OCF	0.051 (0.15)	0.048 (0.14)	0.049 (0.14)	0.047 (0.13)
ROA	25.300*** (19.16)	25.314*** (19.18)	25.386*** (19.21)	25.332*** (19.16)
Retained	7.950*** (16.54)	7.951*** (16.56)	7.928*** (16.53)	7.945*** (16.53)

续表

变量	（1）	（2）	（3）	（4）
	Payer	Payer	Payer	Payer
Growth	0.251*** (3.79)	0.252*** (3.80)	0.247*** (3.74)	0.251*** (3.79)
TQ	−0.331*** (−10.54)	−0.331*** (−10.54)	−0.333*** (−10.61)	−0.332*** (−10.60)
Volatility	3.825 (1.15)	3.869 (1.16)	4.430 (1.33)	3.933 (1.18)
SOE	−0.117 (−1.62)	−0.118 (−1.64)	−0.132* (−1.83)	−0.119* (−1.65)
Board Size	0.002 (0.15)	−0.003 (−0.22)	−0.001 (−0.05)	0.002 (0.14)
Ind Directors	0.387 (0.95)	0.445 (1.09)	0.456 (1.12)	0.402 (0.99)
Female	0.433** (2.40)	0.435** (2.41)	0.448** (2.48)	0.439** (2.43)
Largest Share	0.667*** (3.10)	0.664*** (3.09)	0.662*** (3.08)	0.665*** (3.09)
Constant	−7.924*** (−9.49)	−7.874*** (−9.42)	−8.080*** (−9.71)	−8.000*** (−9.60)
Observations	24337	24337	24337	24337
Year FE	Yes	Yes	Yes	Yes
Industry FE	Yes	Yes	Yes	Yes
Pseudo R^2	0.365	0.364	0.364	0.365

注：***、**、*分别表示在1%、5%、10%水平上显著。括号内数值为Z统计值，标准误经过了公司层面的聚类调整。

4.4.3 多元回归分析：董事海外经历与股利发放水平

本小节采用多元回归分析检验董事海外经历对公司股利发放水平的影响，具体采用 Tobit 回归估计模型式（4-2）。回归结果展示在表 4-8 中，因变量为公司股利发放水平（*Payout*），用现金股利支付率（现金股利支付总额/净利润）来衡量。解释变量为董事海外经历，在第（1）～第（3）列分别用 *Overseas*、*Overseas Number* 和 *Overseas Dummy* 进行衡量，第（4）列的解释变量为 *Overseas Work* 和 O-

erseas Education，以检验不同类型的海外经历（工作经历和学习经历）对股利支付水平的影响。*Overseas Work* 表示有海外工作经历的董事人数占董事会总人数的比例，*Overseas Education* 表示有海外学习经历的董事人数占董事会总人数的比例。

由表 4-8 的结果可以看出，解释变量的估计系数在所有回归中全部为正数，并且不管在统计意义上还是在经济意义上都十分显著，这表明董事海外经历与公司股利发放水平之间存在显著的正相关关系。第（1）列中，*Overseas* 的估计系数为 0.089 并且在 1% 的水平上显著，其经济意义为董事会中有海外经历的董事所占比例每增加 1%，公司的股利支付率（*Payout*）将提高 8.9%。第（2）列中 *Overseas Number* 的估计系数为 0.010 并且也在 1% 的水平上显著，表示有海外经历的董事人数每增加 1%，公司的股利支付率将有 1% 的提升。第（3）列 *Overseas Dummy* 的估计系数为 0.016 且在 5% 水平上显著，表示有至少 1 位"海归"董事的公司要比没有"海归"董事的公司的股利发放水平要高出 1.6%。第（4）列的结果显示，海外工作经历和海外学习经历均与公司的股利发放水平之间存在显著的正相关关系。总体来看，表 4-8 的结果支持了本章假设 4-1，即董事海外经历与公司股利分配之间存在显著的正相关关系。

表 4-8 中控制变量的估计系数与已有文献大体一致。公司规模、经营性现金流、资产回报率以及留存收益均对公司股利发放水平有显著正向的影响。而公司的负债比率、成长性、股票波动率以及国有股权性质则对公司的股利发放水平有显著的负向影响。以上控制变量的估计系数在所有回归中全都在 1% 的水平上显著。此外，董事会特征变量，包括董事会规模、独立董事占比、女性董事占比以及第一大股东持股比例均与公司的股利支付率之间存在显著正向关联。

表 4-8 多元回归分析：董事海外经历与公司股利发放水平

变量	(1)	(2)	(3)	(4)
	Payout	*Payout*	*Payout*	*Payout*
Overseas	0.089 ***			
	(3.88)			
Overseas Number		0.010 ***		
		(3.63)		
Overseas Dummy			0.016 **	
			(2.33)	

续表

变量	（1）Payout	（2）Payout	（3）Payout	（4）Payout
Overseas Work				0.132*** （3.04）
Oversea Education				0.098*** （2.71）
Size	0.013*** （2.97）	0.013*** （2.91）	0.014*** （3.15）	0.014*** （3.07）
Leverage	-0.196*** （-5.80）	-0.195*** （-5.77）	-0.199*** （-5.88）	-0.197*** （-5.83）
OCF	0.125*** （2.92）	0.125*** （2.91）	0.126*** （2.94）	0.126*** （2.93）
ROA	0.914*** （10.52）	0.916*** （10.54）	0.921*** （10.59）	0.915*** （10.51）
Retained	0.664*** （15.72）	0.664*** （15.70）	0.662*** （15.64）	0.664*** （15.71）
Growth	-0.031*** （-3.93）	-0.030*** （-3.90）	-0.031*** （-3.97）	-0.031*** （-3.92）
TQ	-0.053*** （-14.18）	-0.053*** （-14.18）	-0.054*** （-14.27）	-0.053*** （-14.20）
Volatility	-1.477*** （-3.84）	-1.473*** （-3.83）	-1.367*** （-3.57）	-1.462*** （-3.80）
SOE	-0.052*** （-5.41）	-0.052*** （-5.40）	-0.053*** （-5.56）	-0.052*** （-5.39）
Board Size	0.004** （2.15）	0.004* （1.77）	0.004** （1.96）	0.004** （2.14）
Ind Directors	0.110** （2.14）	0.118** （2.30）	0.120** （2.34）	0.112** （2.19）
Female	0.058*** （2.61）	0.059*** （2.64）	0.062*** （2.77）	0.059*** （2.65）
Largest Share	0.189*** （6.95）	0.189*** （6.94）	0.188*** （6.92）	0.189*** （6.94）
Constant	-0.231** （-2.18）	-0.222** （-2.09）	-0.252** （-2.39）	-0.241** （-2.28）
Observations	24337	24337	24337	24337

续表

变量	（1）	（2）	（3）	（4）
	Payout	*Payout*	*Payout*	*Payout*
Year FE	Yes	Yes	Yes	Yes
Industry FE	Yes	Yes	Yes	Yes
Pseudo R²	0.184	0.183	0.183	0.184
LR Chi²/F Value	35.470***	35.338***	35.096***	34.716***

注：***、**、*分别表示在1%、5%、10%水平上显著。括号内数值为 Z 统计值，标准误经过了公司层面的聚类调整。

4.5 影响机制检验

根据 4.2.2 节中的论述，本章猜想有海外经历的董事影响公司股利分配的一个可能的影响机制是通过更好地发挥其监督职能，从而促进股利分配（以下简称监督机制）。本节就对这一潜在的影响机制进行检验，具体检验了样本期间所涉及的股利分红政策对董事海外经历与股利分配之间的正相关关系的影响，并检验了其他治理机制对于二者正相关关系的调节效应。此外，本节还对比了有海外经历的独立董事和有海外经历的非独立董事对公司股利发放的影响有何不同。

4.5.1 股利分红政策的影响

本小节检验假设 4-2，即董事海外经历与公司股利分配之间的关系在相关股利政策施行之前更强，在相关股利政策施行之后变弱。本章在 4.2.1 节和表 4-1 中详细介绍了中国证监会或证交所颁布的关于公司分红的相关政策，这些政策旨在保护股东的合法权益，提升上市公司的股利发放意愿或发放水平，对于促进公司股利发放有着重要影响。这些分红政策提供了关于公司股利发放的外部监督，有可能会部分地替代其他治理机制对现金股利发放的影响。因此，本章猜想，董事海外经历对公司股利发放的影响在相关股利政策施行之前更强，在相关股利政策施行之后变弱。

由于本章的样本期间是从 2008 年开始，所以样本期间涉及的股利分红政策有 2008 年的《决定》、2013 年的《指引》和 2013 年的《3 号指引》。由于中国上市公司的股利分红通常是在会计年度下一年的年报中披露，年报的披露时间一般在会计年度下一年的 1 月 1 日至 4 月 30 日。因此，2008 年初开始施行的分红政策实际上会对上市公司 2007 会计年度的股利发放产生影响。2008 年 4 月 30 日之后开始施行的股利分红政策会对上市公司 2008 会计年度的股利发放产生影响。2008 年的《决定》是从 2008 年 10 月 9 日起开始施行的，因而会对上市公司自 2008 会计年度起的股利发放产生影响，所以本章所有观测值都受到了 2008 年《决定》的影响。2013 年的《指引》是从 2013 年 1 月 7 日起施行的，因而会对上市公司自 2012 会计年度起的股利发放产生影响。《3 号指引》是从 2013 年 11 月 30 日起开始施行，因而会对上市公司自 2013 会计年度起的股利发放产生影响。也就是说，与本小节所要探究的话题相关的股利政策为《指引》和《3 号指引》。鉴于这两项政策都是自 2013 年起施行的，并且《指引》是在 2013 年 1 月起施行的，会对上市公司自 2012 会计年度起的股利发放产生影响，因此，本小节将样本分为 2008~2011 会计年度和 2012~2018 会计年度两个子样本，以检验假设 4-2。

根据 He 和 Li（2018）的研究，2013 年上交所发布的《指引》对于提升上市公司的股利发放水平起到了显著正向的影响，上市公司在 2012 会计年度的股利发放意愿和发放水平均显著高于以往会计年度。本章在表 4-2 中的描述性统计也与 He 和 Li（2018）的发现相符，表 4-2 显示 2012 年的平均股利支付率为 0.295，高于其他会计年度。此外，2012 年发放股利的公司占当年公司总数的比例为 75.8%，高于样本期间大部分会计年度。可见，《指引》的实施加强了对公司股利分配的外部监管，促进了公司发放股利，因此如果本章所阐述的监督机制的确存在的话，则可以预期董事海外经历对股利发放的正向影响在《指引》实施之前更强，在《指引》实施之后变弱。再根据上一段的阐述，《指引》是 2013 年 1 月起实施的，会对上市公司自 2012 会计年度起的股利发放产生影响，因此本小节将样本分为 2008~2011 年和 2012~2018 年两个子样本分别进行回归，用于检验以上猜想。

分段回归的结果展示在表 4-9 中，其中第（1）和第（2）列的因变量为股利支付意愿（*Payer*），第（3）和第（4）列的因变量为股利支付水平（*Payout*）。由前两列可以看出，*Overseas* 在 2008~2011 年样本期间的估计系数为 1.268（t 值 = 3.93），在 2012~2018 年样本期间的估计系数为 0.502（t 值 = 2.14），组间系数差异经检验显著异于0（检验结果展示在表4-9的最后一行），表明董事海外经历与公司股利发放意愿之间的正向关联在《指引》实施之前要显著强于《指引》实施之后。同样地，由表4-9的最后两列可以看出，*Overseas* 在2008～2011年样本期间的估计系数为0.185（*t* 值=4.74），在2012～2018年样本期间的估计系数为0.048（*t* 值=1.87），组间系数差异经检验显著异于0（检验结果展示表4-9的最后一行），表明董事海外经历与公司股利发放水平之间的正向关联在《指引》实施之前要显著强于《指引》实施之后。总的来说，表4-9的结果表明，董事海外经历对公司股利发放的促进作用在相关部门加强对上市公司股利发放的监管之后变弱了，说明相关部门颁布的外部政策所发挥的监管作用部分地替代了"海归"董事在监督公司股利发放方面所起到的作用。这一发现支持了本章假设4-2，同时也为监督机制提供了支持性证据。

表4-9　机制检验：分段回归

变量	(1)	(2)	(3)	(4)
	Payer		*Payout*	
	2008～2011年	2012～2018年	2008～2011年	2012～2018年
Overseas	1.268***	0.502**	0.185***	0.048*
	(3.93)	(2.14)	(4.74)	(1.87)
Size	0.390***	0.242***	0.023***	0.008*
	(6.68)	(5.55)	(2.80)	(1.77)
Leverage	−0.946**	−0.115	−0.298***	−0.143***
	(−2.54)	(−0.42)	(−5.24)	(−3.83)
OCF	0.003	0.158	0.061	0.160***
	(0.01)	(0.36)	(0.82)	(3.19)
ROA	24.470***	26.424***	1.087***	0.871***
	(13.63)	(14.76)	(6.16)	(9.21)
Retained	6.360***	8.444***	0.779***	0.652***
	(9.50)	(15.80)	(9.27)	(15.33)
Growth	0.166	0.273***	−0.016	−0.036***
	(1.46)	(3.48)	(−0.95)	(−4.27)
TQ	−0.517***	−0.290***	−0.085***	−0.044***
	(−9.22)	(−8.05)	(−11.58)	(−10.92)
Volatility	−5.410	4.107	−1.266	−1.427***
	(−0.71)	(1.12)	(−1.16)	(−3.61)

续表

变量	(1)	(2)	(3)	(4)
	Payer		Payout	
	2008~2011 年	2012~2018 年	2008~2011 年	2012~2018 年
SOE	−0.136 (−1.31)	−0.110 (−1.37)	−0.050*** (−3.13)	−0.050*** (−4.95)
Board Size	0.015 (0.64)	−0.004 (−0.24)	0.008** (2.25)	0.003 (1.36)
Ind Directors	0.007 (0.01)	0.382 (0.85)	0.161 (1.45)	0.094* (1.72)
Female	0.678** (2.36)	0.242 (1.13)	0.134*** (3.24)	0.028 (1.18)
Largest Share	0.715** (2.28)	0.572** (2.32)	0.228*** (5.05)	0.166*** (5.59)
Constant	−8.671*** (−6.76)	−6.953*** (−7.13)	−0.383** (−2.00)	−0.173 (−1.54)
Observations	6423	17910	6427	17910
Year FE	Yes	Yes	Yes	Yes
Industry FE	Yes	Yes	Yes	Yes
Pseudo R^2	0.313	0.384	0.174	0.189
Difference	0.766**		0.137***	
(p-value)	(0.016)		(0.000)	

注： ***、 **、 *分别表示在1%、5%、10%水平上显著。括号内数值为 Z 统计值，标准误经过了公司层面的聚类调整。

4.5.2 其他治理机制的影响

本节检验假设 4-3，即其他治理机制的存在会弱化董事海外经历对公司股利分配的影响。为检验这一猜想，本节选取了两个变量衡量公司的外部治理机制。第一个变量是机构投资者持股比例（Institution），即机构投资者持有公司股份的数量除以公司总股数，该数据从 Wind 数据库中获取。Miller 和 Modigliani（1961）指出股权结构不应影响完美市场中的公司治理。然而，在复杂的现实世界中，机构投资者具有较大的参与公司监管的能力，并且倾向于利用其专业知识和控制权来监督公司管理层（Jensen and Meckling，1976；Smith，1996）。他们可以直接与管理层沟通并在股东大会上投票（Firth et al.，2016）。已有研究表明，机构持股比例对公司股利分配有积极的影响（Allen et al.，2000；Crane et al.，2016；Espen Eckbo and Verma，1994）。Edmans 和 Manso（2011）指出，机构投资者会倾向于以撤资作为威胁来迫使管理层发放股利。Crane 等（2016）发现机构投资者持股在监管公司方面发挥着重要作用，机构持股比例越高的公司会发放更多的股利，并且机构持股对股利发放的正向影响在代理问题越严重的公司中越强。结合已有文献的发现，本节选择用机构投资者持股比例（*Institution*）作为第一个反映外部治理机制的指标。如果公司的机构投资者持股比例很高，则它会促进公司的股利发放，那"海归"董事在促进公司股利发放方面的作用就会减弱。因此，本章猜想，机构投资者持股比例越高，董事海外经历与公司股利分配之间的关系越弱，即机构投资者持股比例会负向调节董事海外经历与公司股利分配之间的正相关关系。

本节选取的第二个反映公司治理机制的指标是分析师关注度（*Analyst*），等于一年内对该公司进行过跟踪分析的分析师（团队）数量加 1 后取自然对数。证券分析师除了作为企业与外部投资者之间的信息中介之外，还是一种重要的外部治理机制。证券分析师的存在可以提高公司的透明度，并防止公司经理人进行有损公司价值的活动（Bowen et al.，2008；Kelly and Ljungqvist，2012）。Sun（2009）发现分析师的关注可以降低公司盈余管理活动，提升公司治理质量。Chen 等（2015）认为分析师可以直接监督公司并影响公司的决策，并发现公司在分析师数量减少之后代理问题会变得更加严重。由此可见，分析师关注度越高越有助于加强对公司的外部治理。因此，本章猜想受到越多分析师关注的公司会得到更多的监督，这会减弱"海归"董事在监督公司方面发挥的作用，即分析师关注度会负向调节董事海外经历与公司股利分配之间的正向关系。为检验这一猜想，我们对以下模型进行估计：

$$Logit\ (\ Payer_{i,t}\ )\ =\ \alpha\ +\ \beta_1 Overseas_{i,t}\ \times\ Governance\ \ Indicator_{i,t}\ +\ \beta_2 Overseas_{i,t}\ +$$
$$\beta_3 Governance\ Indicator_{i,t} + \lambda Controls_{i,t} + Year_t + Industry_i + \varepsilon_{i,t}$$

$$(4-3)$$

$$Tobit\ (\ Payout_{i,t}\ )\ =\ \alpha\ +\ \beta_1 Overseas_{i,t}\ \times\ Governance\ \ Indicator_{i,t}\ +\ \beta_2 Overseas_{i,t}\ +$$
$$\beta_3 Governance\ Indicator_{i,t} + \lambda Controls_{i,t} + Year_t + Industry_i + \varepsilon_{i,t}$$

$$(4-4)$$

其中，*Governance Indicator* 指的本节选取的两个反映公司治理机制的变量，即机构投资者持股比例（*Institution*）和分析师关注度（*Analyst*）。我们想检验的是其他公司治理机制对董事海外经历与股利分配二者关系的调节效应，因此我们关注的是董事海外经历与其他公司治理机制之间的交乘项（*Overseas×Governance Indicator*）的估计系数 β_1。模型的其他设定均与本章的基准模型［式（4-1）和式（4-2）］相同。

回归结果展示在表 4-10 中，其中第（1）和第（2）列为式（4-3）的估计结果，因变量为公司的股利支付意愿，第（3）和第（4）列为式（4-4）的估计结果，因变量为公司的股利支付水平。由表 4-10 第（1）列的回归结果可知，*Institution×Overseas* 的估计系数显著为负，表明机构投资者持股比例会显著负向调节董事海外经历与公司股利支付意愿之间的正相关关系，机构持股比例越低的公司，"海归"董事对公司股利支付意愿的正向影响越强，反之越弱。第（2）列中，*Analyst×Overseas* 的估计系数为负数但统计上不显著。第（3）和（4）列的结果显示，*Institution×Overseas* 和 *Analyst×Overseas* 的估计系数均为负数且在 5% 的水平上显著，表明机构投资者持股比例和分析师关注度均显著负向调节董事海外经历对公司股利支付水平之间的正向影响，在机构持股比例越低的公司或分析师关注度越低的公司，董事海外经历对公司股利支付水平的正向影响越强，反之越弱。总体来说，表 4-10 的结果表明董事海外经历与其他治理机制之间存在替代效应，其他治理机制的存在会弱化董事海外经历对公司股利分配的正向影响。这一发现支持了本章假设 4-3，同时也进一步为监督机制提供了证据。

表 4-10　机制检验：其他治理机制的影响

变量	（1）	（2）	（3）	（4）
	Payer		*Payout*	
Institution×Overseas	−1.711** (−2.28)		−0.182** (−2.21)	
Analyst×Overseas		−0.114 (−0.69)		−0.042** (−2.08)
Institution	0.486*** (3.02)		0.029 (1.41)	
Analyst		0.332*** (9.80)		0.026*** (5.80)

续表

变量	(1)	(2)	(3)	(4)
	Payer		Payout	
Overseas	1.378*** (4.60)	0.763** (2.28)	0.151*** (4.26)	0.155*** (3.16)
Size	0.266*** (6.52)	0.104** (2.42)	0.013*** (2.75)	0.001 (0.28)
Leverage	−0.286 (−1.21)	−0.018 (−0.08)	−0.195*** (−5.69)	−0.171*** (−5.01)
OCF	−0.002 (−0.01)	0.124 (0.35)	0.125*** (2.90)	0.123*** (2.89)
ROA	25.358*** (19.12)	22.861*** (17.62)	0.904*** (10.37)	0.805*** (9.47)
Retained	7.987*** (16.55)	7.628*** (16.14)	0.664*** (15.68)	0.651*** (15.53)
Growth	0.246*** (3.71)	0.189*** (2.89)	−0.031*** (−3.95)	−0.036*** (−4.64)
TQ	−0.347*** (−10.73)	−0.344*** (−10.98)	−0.053*** (−13.67)	−0.055*** (−14.47)
Volatility	5.002 (1.49)	1.089 (0.33)	−1.449*** (−3.66)	−1.545*** (−4.01)
SOE	−0.153** (−2.06)	−0.038 (−0.53)	−0.054*** (−5.52)	−0.046*** (−4.70)
Board Size	0.003 (0.22)	−0.001 (−0.08)	0.004** (2.17)	0.004** (2.07)
Ind Directors	0.431 (1.05)	0.313 (0.78)	0.111** (2.16)	0.102** (2.00)
Female	0.448** (2.47)	0.371** (2.04)	0.057** (2.58)	0.055** (2.50)
Largest Share	0.545** (2.49)	0.691*** (3.24)	0.185*** (6.74)	0.192*** (7.10)
Constant	−7.609*** (−8.79)	−4.321*** (−4.72)	−0.238** (−2.15)	−0.015 (−0.13)
Observations	24242	24337	24242	24337
Year FE	Yes	Yes	Yes	Yes
Industry FE	Yes	Yes	Yes	Yes

变量	(1)	(2)	(3)	(4)
	Payer		*Payout*	
Pseudo R²	0.365	0.372	0.183	0.186

注：***、**、*分别表示在1%、5%、10%水平上显著。括号内数值为 Z 统计值，标准误经过了公司层面的聚类调整。

4.5.3 独立董事与非独立董事的影响

文献研究指出，独立董事通常更加客观、独立，被认为可以发挥较好的监督作用（Fama，1980；Fama and Jensen，1983），因此本章进一步检验了"海归"独立董事与"海归"非独立董事对公司股利分配的影响有何不同。具体做法是：将式（4-1）和式（4-2）中的解释变量 Overseas 拆分成两个新的解释变量，即 *Ind Overseas* 和 *Non-Ind Overseas*。*Ind Overseas* 表示有海外经历的独立董事人数占董事会总人数的比例，*Non-Ind Overseas* 表示有海外经历的非独立董事人数占董事会总人数的比例，然后再用如下 Logit 和 Tobit 模型分别对公司的股利发放意愿和股利发放水平进行回归：

$$Logit(Payer_{i,t}) = \alpha + \beta_1 \times Ind \ Overseas_{i,t} + \beta_2 \times Non-Ind \ Overseas_{i,t} + \lambda Controls_{i,t} + $$
$$Year_t + Industry_i + \varepsilon_{i,t} \tag{4-5}$$

$$Tobit(Payout_{i,t}) = \alpha + \beta_1 \times Ind \ Overseas_{i,t} + \beta_2 \times Non-Ind \ Overseas_{i,t} + \lambda Controls_{i,t} + $$
$$Year_t + Industry_i + \varepsilon_{i,t} \tag{4-6}$$

式（4-5）的设定与式（4-1）的设定一致，只是将式（4-1）中的解释变量 Overseas 拆分成了两个新的解释变量 *Ind Overseas* 和 *Non-Ind Overseas*。同理，式（4-6）的设定与式（4-2）的设定一致，只是将式（4-2）中的解释变量 O-verseas 拆分成了两个新的解释变量 *Ind Overseas* 和 *Non-Ind Overseas*。

式（4-5）和式（4-6）的结果分别列于表 4-11 的第（1）和第（2）列。第一列的因变量是股利支付意愿（*Payer*），第（2）列的因变量是股利支付水平（*Payout*）。由表 4-11 的第（1）列可以看出，*Ind Overseas* 的估计系数（系数=0.896，t 值=2.99）在统计意义和经济意义上均大于 *Non-Ind Overseas* 的估计系数（系数=0.664，t 值=2.10）。同样地，第（2）列中，*Ind Overseas* 的估计系数（系数=0.100，t 值=2.88）在统计意义和经济意义上也均大于 *Non-Ind Overseas*

董事海外经历与公司决策：多维影响与机制分析

的估计系数（系数=0.079，t 值=2.20）。可见，"海归"独立董事与股利分配之间的正相关关系要强于"海归"非独立董事与股利分配之间的正相关关系，这一发现进一步为监督机制提供了证据。

表4-11　机制检验：独立董事海外经历与非独立董事海外经历

变量	(1) Payer	(2) Payout
Ind Overseas（β_1）	0.896*** (2.99)	0.100*** (2.88)
Non-Ind Overseas（β_2）	0.664** (2.10)	0.079** (2.20)
β_1-β_2	0.232 (p-value=0.61)	0.021 (p-value=0.69)
Size	0.287*** (7.43)	0.013*** (2.95)
Leverage	-0.348 (-1.48)	-0.196*** (-5.80)
OCF	0.050 (0.14)	0.125*** (2.91)
ROA	25.291*** (19.15)	0.914*** (10.52)
Retained	7.953*** (16.57)	0.664*** (15.71)
Growth	0.251*** (3.79)	-0.031*** (-3.93)
TQ	-0.331*** (-10.58)	-0.053*** (-14.18)
Volatility	3.824 (1.14)	-1.477*** (-3.84)
SOE	-0.119* (-1.65)	-0.052*** (-5.42)
Board Size	0.002 (0.15)	0.004** (2.15)
Ind Directors	0.388 (0.95)	0.111** (2.16)

变量	（1）	（2）
	Payer	*Payout*
Female	0.437 **	0.059 ***
	（2.42）	（2.64）
Largest Share	0.665 ***	0.189 ***
	（3.09）	（6.93）
Constant	-7.915 ***	-0.229 **
	（-9.47）	（-2.17）
Observations	24337	24337
Year FE	Yes	Yes
Industry FE	Yes	Yes
Pseudo R^2	0.365	0.184

注：***、**、*分别表示在1%、5%、10%水平上显著。括号内数值为 Z 统计值，标准误经过了公司层面的聚类调整。

4.6 内生性分析

到目前为止，本章的研究结果表明董事海外经历与公司股利分配之间存在显著的正相关关系。但鉴别二者之间的因果关系仍有一定的挑战，因为二者之间的正相关关系有可能受到内生性问题的影响。例如，可能会存在遗漏变量的影响，比如公司治理越好的公司其股利发放意愿或者发放水平有可能越高，同时公司治理越好的公司越有可能聘请有海外经历的董事任职，所以董事海外经历与股利分配之间的正向关系有可能是由于这类潜在的遗漏变量引起的。尽管我们在回归中加入了可能影响公司股利分配的变量作为控制变量，并控制了行业和年份固定效应，但这不能排除潜在的一些不可观测的遗漏变量对结果的影响。此外，本章的实证结果还有可能受到反向因果关系（Reverse Causality）的影响，即股利发放意愿或发放水平越高的公司更有可能吸引有海外经历的董事任职。为缓解内生性问题的干扰，确保本章结果的稳健性和可靠性，本节采用倾向评分匹配和工具变量法来缓解内生性问题的影响。

4.6.1 倾向评分匹配

本节进行倾向评分匹配（Propensity Score Matching，PSM），将聘请了至少1位"海归"董事的公司（$Overseas>0$）与没有聘请"海归"董事的公司（$Overseas=0$）进行匹配。这种方法可以确保这两类公司的主要特征在统计上具有相似性。根据倾向评分匹配的步骤，我们首先使用以下 Logit 回归模型来估计哪些因素会影响公司聘请"海归"董事的可能性：

$$Overseas\ Dummy_{i,t}=\alpha+\beta Controls_{i,t-1}+Year_t+Industry_j+\varepsilon_{i,t} \qquad (4-7)$$

其中，$Overseas\ Dummy_{i,t}$ 是一个虚拟变量，如果公司 i 在 t 年有至少 1 位董事有海外经历，则该变量等于 1，否则为 0。$Controls$ 表示控制变量，包括一些可能影响公司是否聘请"海归"董事的因素。参照 Giannetti 等（2015）的研究，控制变量包括：①外国投资者持股比例（$Foreign$），等于外国投资者持有公司的股票数量除以公司股票总数；②公司规模（$Size$），等于公司年末总资产的自然对数；③公司是否属于年轻的上市公司（$Young\ Firm$），如果上市时间小于 4 年，则取值为 1，否则为 0；④负债比率（$Leverage$），等于负债总额除以公司权益资本的市场价值；⑤成长性（TQ），用托宾 Q 衡量；⑥资产回报率（ROA），用净利润除以公司年末总资产衡量；⑦现金持有（$Cash$），用公司期末现金及现金等价物余额除以公司年末总资产衡量；⑧股权性质（SOE），国企等于 1，否则为 0；⑨董事会规模（$Board\ Size$），用董事会总人数衡量；⑩独立董事占比（$Ind\ Directors$），指独立董事人数占董事会总人数的比例。由于公司是否聘请有海外经历的董事任职主要受上一期年末公司特征的影响，所以控制变量作了滞后一期处理。$Year_t$ 和 $Industry_j$ 分别表示年份固定效应和行业固定效应，$\varepsilon_{i,t}$ 表示误差项。式（4-7）的回归结果展示在表 4-12 的 A 栏中。

接下来采用最近邻匹配法（Nearest Neighbor Matching），将 $Overseas$ 大于 0 的公司（以下简称实验组公司）与 $Overseas$ 等于 0 的公司（以下简称对照组公司）进行匹配。具体来说，对于每个实验组公司，从对照组公司中选择 1 个倾向评分结果与之最接近的公司来与之匹配，并进一步要求匹配后的每对公司之间的倾向评分结果之差的绝对值不超过 1%。我们还对匹配效果进行了检验，结果展示在表 4-12 的 B 栏中。可以看出，匹配之后实验组和对照组的主要变量的均值之差非常小并且统计上均不显著，这表明经过倾向评分结果匹配之后，对照组和实验组在主要公司特征方面具有相似性。

最后对比实验组和对照组在股利分配方面的差异，检验结果展示在表 4-12 的 C 栏，其中第（1）列的因变量为股利发放意愿（*Payer*），第（2）列的因变量为股利发放水平（*Payout*），解释变量为 *Treated Group*，如果公司属于实验组，则取值为 1，如果公司属于对照组，则取值为 0。控制变量以及其他设定与本章的基准模型相同。由表 4-12 的结果可以看出，*Treated Group* 在第（1）列的系数为 0.107 且在 10%的水平上显著，这表明实验组的股利发放意愿比对照组的股利发放意愿显著高出 10.7%。*Treated Group* 在第（2）列的系数为 0.015 且在 5%的水平上显著，这表明实验组的股利发放水平比对照组的股利发放水平显著高出 1.5%。总的来说，表 4-12 的结果说明，在通过倾向评分结果匹配消除 *Overseas*>0 的公司和 *Overseas*=0 的公司在可以观测的公司特征方面的差异之后，聘请了"海归"董事的公司在股利发放意愿和股利发放水平方面依然显著高于没有聘请"海归"董事的公司。

表 4-12　内生性分析：倾向得分匹配

A 栏：式（4-7）的回归结果	
变量	*Overseas Dummy*
Foreign	3.467 ***
	（5.89）
Size	0.379 ***
	（10.49）
Young Firm	0.362 ***
	（5.79）
Leverage	-0.886 ***
	（-3.84）
TQ	0.106 ***
	（4.61）
ROA	0.353
	（1.19）
Cash	0.498 **
	（2.52）
SOE	-0.467 ***
	（-6.45）
Board Size	0.089 ***
	（5.60）

续表

A 栏：式（4-7）的回归结果

变量	Overseas Dummy
Ind Directors	1. 126 **
	(2. 39)
Constant	−10. 159 ***
	(−12. 44)
Observations	20736
Year FE	Yes
Industry FE	Yes
Province FE	Yes
Pseudo R^2	0. 055

B 栏：匹配之后实验组和对照组的主要变量差异

变量	Treated Group		Control Group			
	Mean	Std	Mean	Std	Diff	t-value
Foreign	0. 005	0. 033	0. 005	0. 037	0. 000	(0. 667)
Size	21. 927	1. 258	21. 950	1. 211	−0. 023	(−1. 159)
Young Firm	0. 274	0. 446	0. 281	0. 450	−0. 007	(−0. 955)
Leverage	0. 272	0. 197	0. 272	0. 198	−0. 000	(−0. 120)
Cash	0. 179	0. 144	0. 179	0. 146	0. 000	(0. 064)
TQ	2. 096	1. 321	2. 093	1. 365	0. 003	(0. 148)
ROA	0. 040	0. 074	0. 041	0. 058	−0. 001	(−0. 996)
SOE	0. 414	0. 493	0. 412	0. 492	0. 002	(0. 306)
Board Size	9. 281	2. 402	9. 312	2. 566	−0. 031	(−0. 791)
Ind Directors	0. 360	0. 077	0. 359	0. 081	0. 001	(0. 594)
N	7966		7966		15932	

C 栏：匹配后实验组与对照组在股利支付方面的差异

变量	Payer	Payout
Treated Group	0. 107 *	0. 015 **
	(1. 83)	(1. 98)
Size	0. 355 ***	0. 020 ***
	(7. 51)	(3. 75)
Leverage	−0. 857 ***	−0. 256 ***
	(−3. 06)	(−6. 43)

续表

C 栏：匹配后实验组与对照组在股利支付方面的差异

变量	*Payer*	*Payout*
OCF	0.084	0.132***
	(0.20)	(2.70)
ROA	24.782***	0.847***
	(14.73)	(7.56)
Retained	7.939***	0.632***
	(14.04)	(12.87)
Growth	0.223***	−0.029***
	(2.69)	(−2.94)
TQ	−0.363***	−0.056***
	(−10.17)	(−12.71)
Volatility	9.141**	−0.968**
	(2.27)	(−2.16)
SOE	−0.158*	−0.053***
	(−1.92)	(−4.87)
Board Size	0.003	0.005**
	(0.14)	(2.08)
Ind Directors	0.514	0.135*
	(0.95)	(1.93)
Female	0.565***	0.087***
	(2.66)	(3.38)
Largest Share	0.535**	0.163***
	(2.20)	(5.39)
Constant	−9.334***	−0.380***
	(−9.23)	(−2.96)
Observations	15707	15707
Year FE	Yes	Yes
Industry FE	Yes	Yes
Pseudo R^2	0.349	0.172

注：***、**、*分别表示在1%、5%、10%水平上显著。括号内数值为 Z 统计值，标准误经过了公司层面的聚类调整。

4.6.2　工具变量法

本节采用工具变量法来缓解内生性问题的影响。借鉴 Ang 等（2014）的方法，我们选择历史性因素作为工具变量，即在 1920 年之前由外籍学者或教育团体创办的大学数量（以下简称历史大学），以此作为省份层面吸引海外人才的代理变量。该工具变量的合理性在于它既满足了工具变量的相关性原则，也符合排他性原则。首先，位于历史大学数量较多的省份更容易培养和吸引具有国际视野的人才。早期这些大学在当地传授了西方教育理念和文化价值，使得这些地区的人更有可能前往海外学习并归国后进入企业高层，提升该地区的"海归"人才供给。因此，在历史大学数量更多的省份，上市公司中董事具有海外经历的比例可能更高。

另外，历史大学数量不太可能直接影响现代公司的股利政策。这些大学均在 1920 年之前创办，距今已有一个世纪之久，因此与当前公司的股利分配政策之间不会存在直接的逻辑关联。此外，尽管有人可能担心这些大学多设立于经济较为发达的省份，导致这些省份的企业更容易吸引海归人才，但根据 Ang 等（2014）的研究，在 1985 年之前，这些省份的人均 GDP 与其他省份之间并无显著差异。因此，大学设立时所在省份的经济水平并不比其他省份更优越。综上所述，我们认为由外籍学者或教育团体创办的大学数量是一个合适的工具变量。

我们采用两阶段最小二乘法（Two-Stage Least Square，2SLS）进行回归分析，结果如表4-13所示。第（1）列展示了第一阶段的回归结果，因变量为董事中具有海外经历的比例（*Overseas*），解释变量为历史大学数量（*Historical*）。控制变量及模型设定与本章的基准模型一致。第一阶段回归结果表明，历史大学数量的估计系数为正，并且在1%的水平上显著，表明董事海外经历比例与所在省份历史大学数量之间存在显著正相关关系，支持工具变量的相关性假设。此外，第（1）列底部还展示了弱工具变量检验的结果，F 统计值大于 10（F 统计值 = 27.860），且在1%的水平上显著，表明我们所选择的工具变量具有较高的有效性。

表4-13中第（2）和第（3）列是第二阶段的回归结果，因变量分别是股利发放意愿（*Payer*）和股利发放水平（*Payout*），解释变量为通过第一阶段得到的 *Overseas* 的拟合值 [*Overseas*（*Fitted*）]，控制变量及其他模型设定与本章的基准模型相同。可以看到，*Overseas*（*Fitted*）的估计系数在最后两列均为正数并且都

在 1% 的水平上显著，这表明董事海外经历与公司股利分配之间的正相关关系在缓解了潜在的内生性问题的影响之后依然成立。

表 4-13 内生性分析：工具变量法

变量	（1）	（2）	（3）
	第一阶段	第二阶段	
	Overseas	*Payer*	*Payout*
Historical	0.011 ***		
	(5.28)		
Overseas（*Fitted*）		14.863 ***	1.348 ***
		(4.80)	(3.36)
Size	0.022 ***	−0.030	−0.015
	(8.43)	(−0.37)	(−1.49)
Leverage	−0.074 ***	0.765 **	−0.096 **
	(−5.38)	(2.22)	(−2.01)
OCF	0.010	−0.082	0.115 ***
	(0.58)	(−0.23)	(2.69)
ROA	0.030 ***	24.890 ***	0.879 ***
	(2.63)	(18.91)	(10.02)
Retained	−0.009	8.082 ***	0.676 ***
	(−0.94)	(16.94)	(15.92)
Growth	0.002	0.218 ***	−0.033 ***
	(0.90)	(3.26)	(−4.24)
TQ	−0.001	−0.322 ***	−0.052 ***
	(−0.39)	(−10.46)	(−13.82)
Volatility	1.355 ***	−15.705 ***	−3.195 ***
	(7.28)	(−2.92)	(−4.74)
SOE	−0.040 ***	0.489 ***	0.002
	(−9.77)	(3.31)	(0.10)
Board Size	0.001	−0.010	0.003
	(1.37)	(−0.64)	(1.61)
Ind Directors	0.147 ***	−1.577 ***	−0.066
	(5.97)	(−2.76)	(−0.86)
Female	0.025 **	0.085	0.028
	(2.11)	(0.44)	(1.18)

变量	(1)	(2)	(3)
	第一阶段	第二阶段	
	Overseas	*Payer*	*Payout*
Largest Share	−0.005 (−0.36)	0.700 *** (3.24)	0.191 *** (7.02)
Constant	−0.517 *** (−9.42)	−0.557 (−0.31)	0.426 * (1.81)
Observations	24337	24337	24337
Year FE	Yes	Yes	Yes
Industry FE	Yes	Yes	Yes
Adjusted R²/Pseudo R²	0.081	0.366	0.184
F-statistic for weak instrument	27.860 ***		

注：*** 、** 、* 分别表示在1%、5%、10%水平上显著。括号内为 T 统计值或 Z 统计值，标准误经过了公司层面的聚类调整。

4.7 稳健性检验

为了进一步增强本章主要结论的稳健性，本节采用了多种方法进行稳健性检验，包括使用股利发放的替代变量，控制滞后一期的股利发放，以及去掉激进型股利发放的公司。

4.7.1 采用股利发放的替代变量

本小节使用4.3.2节中阐述的衡量上市公司股利发放水平的替代变量进行稳健性检验。替代变量具体包括：①每股股利（*DPS*），等于公司第 *t* 年发放的现金股利总额除以总股数，它衡量的是公司股利发放的绝对水平；②*Dividends/Sales*，等于公司第 *t* 年发放的现金股利总额除以公司当年的营业收入；③*Dividends/TA*，等于公司第 *t* 年发放的现金股利总额除以公司当年的总资产。本小节分别用这三个替代变量作为因变量估计模型式（4-2），回归结果分别展示在表

4-14 的第（1）~第（3）列。可以看出，*Overseas* 的估计系数在三列中全部为正数并且在 1% 的水平上显著，这表明不管采用哪种方式来衡量股利发放水平，本章的假设 4-1 均成立。

表 4-14　稳健性检验：采用股利发放的替代变量

变量	（1） *DPS*	（2） *Dividends/Sales*	（3） *Dividends/TA*
Overseas	0.080 *** (6.20)	0.014 *** (3.86)	0.006 *** (5.30)
Size	0.033 *** (10.32)	0.005 *** (6.67)	0.001 *** (4.10)
Leverage	−0.086 *** (−4.83)	−0.070 *** (−12.76)	−0.016 *** (−9.55)
OCF	0.152 *** (6.54)	0.007 (1.13)	0.023 *** (10.30)
ROA	2.255 *** (26.06)	0.453 *** (23.67)	0.243 *** (26.14)
Retained	0.297 *** (12.60)	0.060 *** (10.26)	0.029 *** (13.02)
Growth	0.001 (0.17)	−0.008 *** (−7.19)	−0.002 *** (−4.13)
TQ	−0.033 *** (−14.07)	−0.006 *** (−10.55)	−0.002 *** (−9.14)
Volatility	0.365 * (1.67)	−0.114 ** (−2.02)	−0.083 *** (−4.07)
SOE	−0.020 *** (−3.96)	−0.007 *** (−5.36)	−0.003 *** (−6.06)
Board Size	0.001 (1.10)	0.000 (0.34)	0.000 * (1.67)
Ind Directors	0.030 (1.13)	0.004 (0.51)	0.004 * (1.67)
Female	0.070 *** (5.85)	0.014 *** (4.40)	0.004 *** (4.05)
Largest Share	0.105 *** (6.79)	0.022 *** (4.92)	0.011 *** (8.28)

续表

变量	(1)	(2)	(3)
	DPS	Dividends/Sales	Dividends/TA
Constant	−0.840***	−0.100***	−0.026***
	(−12.52)	(−6.23)	(−4.91)
Observations	24337	24337	24337
Year FE	Yes	Yes	Yes
Industry FE	Yes	Yes	Yes
Pseudo R^2	2.306	−0.283	−0.246

注：***、**、*分别表示在1%、5%、10%水平上显著。括号内数值为Z统计值，标准误经过了公司层面的聚类调整。

4.7.2 控制滞后一期的股利发放

由于上市公司的股利发放通常具有黏性，公司不太可能会降低股利发放水平（Lintner，1956）。为了排除上一期股利发放对本期股利发放的影响，本小节在本章基准模型的基础上进一步控制了公司上一期的股利发放水平，具体做法是：在式（4-1）中加入控制变量 Lag Payer，如果公司在上一个会计年度发放过现金股利，则该变量取值为1，否则取0；在式（4-2）中加入控制变量 Lag Payout，表示公司在上一个会计年度的股利支付率，其他控制变量及模型设定与本章的基准模型相同。回归结果展示在表4-15中，可以看出，Lag Payer 和 Lag Payout 的估计系数均为正数并且在1%的水平上显著，这表明，上一个会计年度的股利支付的确会对本期的股利支付产生显著正向的影响。Overseas 的估计系数在两列中依旧显著为正，并且该系数在经济上和统计上的显著性与基准回归模型的估计结果（见表4-7和表4-8）接近。表4-15的结果表明，在控制了上一个会计年度的股利支付对本会计年度估计支付的影响之后，董事海外经历与公司股利分配之间依然存在显著的正相关关系，本章的假设4-1依然成立。

表4-15 稳健性检验：控制滞后一期的股利发放

变量	(1)	(2)
	Payer	Payout
Overseas	0.790***	0.080***
	(3.96)	(4.51)

续表

变量	（1）	（2）
	Payer	Payout
Lag Payer	0.762 ***	
	(12.89)	
Lag Payout		0.358 ***
		(26.64)
Size	0.283 ***	0.012 ***
	(7.37)	(3.35)
Leverage	-0.304	-0.132 ***
	(-1.30)	(-5.01)
OCF	-0.122	0.059
	(-0.35)	(1.58)
ROA	23.885 ***	0.805 ***
	(18.46)	(10.92)
Retained	7.833 ***	0.538 ***
	(16.39)	(15.42)
Growth	0.226 ***	-0.015 **
	(3.38)	(-2.01)
TQ	-0.325 ***	-0.042 ***
	(-10.47)	(-13.64)
Volatility	3.506	-0.801 **
	(1.04)	(-2.45)
SOE	-0.129 *	-0.040 ***
	(-1.79)	(-5.50)
Board Size	0.003	0.003 *
	(0.21)	(1.94)
Ind Directors	0.396	0.085 **
	(0.97)	(2.09)
Female	0.401 **	0.047 ***
	(2.23)	(2.73)
Largest Share	0.608 ***	0.125 ***
	(2.84)	(6.17)
Constant	-8.389 ***	-0.278 ***
	(-10.10)	(-3.34)
Observations	24337	24337

变量	(1)	(2)
	Payer	*Payout*
Year FE	Yes	Yes
Industry FE	Yes	Yes
Pseudo R²	0.371	0.268

注：***、**、*分别表示在1%、5%、10%水平上显著。括号内数值为Z统计值，标准误经过了公司层面的聚类调整。

4.7.3　去掉激进型股利发放的公司

陆正飞等（2010）研究发现一股独大和内部人控制容易导致激进股利政策，而激进的股利政策并不受市场欢迎。因此，本部分参照陆正飞等（2010）和全怡等（2016）的做法，剔除激进股利政策（现金股利支付率超过1）的公司之后，再对本章的基准模型进行估计。回归结果展示在表4-16中，其中第（1）和第（2）列的因变量分别为股利发放意愿和股利发放水平。可以看出，*Overseas*的估计系数依旧为正并且在1%的水平上显著，表明在排除了激进股利政策公司的影响之后，董事海外经历与公司股利发放之间依旧存在显著的正相关关系，本章的假设4-1依旧成立。

表4-16　稳健性检验：剔除激进股利政策的公司

变量	(1)	(2)
	Payer	*Payout*
Overseas	0.798***	0.070***
	(3.90)	(3.86)
Size	0.294***	0.013***
	(7.48)	(3.60)
Leverage	−0.259	−0.168***
	(−1.08)	(−6.37)
OCF	0.011	0.119***
	(0.03)	(3.44)
ROA	26.886***	1.138***
	(19.15)	(14.99)

续表

变量	（1）	（2）
	Payer	Payout
Retained	7.949***	0.509***
	（16.23）	（15.72）
Growth	0.290***	-0.010*
	（4.29）	（-1.69）
TQ	-0.336***	-0.044***
	（-10.46）	（-14.91）
Volatility	4.420	-1.081***
	（1.31）	（-3.68）
SOE	-0.093	-0.038***
	（-1.27）	（-4.94）
Board Size	-0.001	0.003**
	（-0.04）	（2.14）
Ind Directors	0.307	0.077**
	（0.74）	（1.98）
Female	0.418**	0.046***
	（2.28）	（2.67）
Largest Share	0.607***	0.149***
	（2.76）	（6.91）
Constant	-8.250***	-0.251***
	（-9.73）	（-3.02）
Observations	23696	23696
Year FE	Yes	Yes
Industry FE	Yes	Yes
Pseudo R^2	0.375	0.385

注：***、**、*分别表示在1%、5%、10%水平上显著。括号内数值为Z统计值，标准误经过了公司层面的聚类调整。

4.8 本章小结

本章运用 2008~2018 年来自中国 3396 家上市公司的 24337 个样本观测值探讨了董事海外经历对公司股利分配的影响。实证结果表明，有海外经历的董事占比越高的公司，其股利分配意愿和股利分配水平均显著更高，并且海外工作经历和海外学习经历均与股利分配之间存在显著的正相关关系。进一步研究发现，董事海外经历与股利分配之间的正相关关系在相关股利分红政策实施之前更强，在相关股利分红政策实施之后变弱，表明外部政策监管部分地替代了"海归"董事在公司股利分配方面的监督作用。并且其他治理机制的存在会弱化董事海外经历与股利分配之间的正向关联，表明董事海外经历与其他公司治理机制之间存在替代效应。此外，本章还发现"海归"独立董事对股利分配的影响要强于"海归"非独立董事的影响。这一系列结果表明有海外经历的董事提升公司股利发放的可能影响机制是通过更好地发挥其监督职能实现的。

本章的主要结论在经过一系列内生性分析以及稳健性检验之后依然成立。总体而言，本章从董事会的监督职能这一全新视角对董事海外经历与公司股利分配的关系进行了深入的探讨，研究的话题具有一定的创新性，研究结论对董事海外经历的相关研究作了有益补充，为董事海外经历影响公司决策提供了新的实证证据。同时，本章的发现也为促进公司股利分配，完善公司治理，加强对投资者的保护提供了新的思路。

5　董事海外经历与公司投资效率

本章探究董事海外经历对公司投资效率的影响。研究发现：①董事海外经历与公司投资效率之间存在显著的正相关关系；②董事海外经历有助于抑制公司的过度投资，但对投资不足没有显著影响；③有海外经历的董事占比越高的公司，其控股股东的关联交易显著更低；④在公司治理质量越差、信息环境越不透明、融资约束程度越高的情况下，董事海外经历与投资效率之间的正向关联越强；⑤当海外经历是来自公司监管实践更好的国家时，董事海外经历与投资效率之间的正向关联更强；⑥董事海外经历与公司投资效率之间的正相关关系在经过一系列稳健性检验之后依然成立。总体而言，本章发现董事海外经历在提升公司投资效率方面发挥着重要作用。

5.1　引　言

公司的资本配置是决定公司价值和股东财富的关键，因此探讨哪些因素会影响公司的资本配置效率尤为重要。在一个没有摩擦的完美市场中（Modigliani and Miller，1958），公司的投资仅取决于其投资机会（以托宾 Q 来衡量）（Baker et al.，2003；Modigliani and Miller，1958；Tobin，1969），但在复杂的现实世界里，资本市场的摩擦（Frictions）往往会导致企业的投资偏离最佳水平。信息不对称（Information Asymmetry）和代理问题（Agency Problems）是投资文献中考察的两个主要摩擦（Baker et al.，2003；Chen et al.，2007；McLean et al.，2012）。

公司投资的相关研究表明良好的公司治理机制有助于减轻信息不对称和代理问题，从而提升公司投资效率（Chen et al.，2017c；Jiang et al.，2018；李万福等，2011；姚立杰等，2020；叶康涛等，2007）。已有研究分别从外部治理机制和内部治理机制的视角关注了公司治理对投资效率的影响，对于外部治理机制的关注包括高质量的分析师预测（Chen et al.，2017c）、多个大股东的存在（Jiang et al.，2018）、机构大股东的存在（Alvarez et al.，2018）以及银行持股（Wang et al.，2020）等。对于内部治理机制的关注主要包括现金股利（肖珉，2010）、独立董事（陈运森和谢德仁，2011；叶康涛等，2007）、管理者能力（姚立杰等，2020）等。

虽然已有文献从不同的视角广泛探究了公司治理对公司投资效率的影响，但鲜有文献从董事会监督职能的视角探究董事海外经历对公司投资效率的影响。董事会作为公司内部治理机制的核心，在与公司战略和投资相关的公司决策方面发挥着至关重要的作用（Estélyi and Nisar，2016）。因此，本章就从董事会监督职能的视角具体探讨董事海外经历对公司投资效率的影响。

已有关于董事海外经历的研究指出董事海外经历有助于提升公司治理质量。例如，Giannetti 等（2015）发现董事海外经历有助于降低公司的盈余管理活动，这意味着公司治理质量的提升。Iliev 和 Roth（2018）发现公司的董事如果同时在国外公司担任董事，他们会学习好的公司治理实践并运用到本国公司，从而提升本国公司的治理质量。

在中国，每年都有许多人选择出国留学或工作，他们一般都是到美国、英国、加拿大等发达国家深造。在国外的学习或工作有助于他们学习到先进的公司治理知识、公司治理实践以及公司管理实践。返回中国后，他们可以学以致用，将所学的知识运用到当前工作的公司。综上所述，本章猜想：海外经历有助于董事学到先进的公司治理实践，更好地发挥监督职能，从而缓解代理问题和信息不对称，进而提升公司的投资效率。

为检验这一猜想，本章使用 2008~2018 年来自 3291 家中国非金融类 A 股上市公司共 22498 个样本观测值进行探究。本章主要通过三种方式来检验董事海外经历对公司投资效率的影响。首先，参照 Baker 等（2003）、McLean 等（2012）、喻坤等（2014）以及其他相关研究，采用投资对投资机会的敏感度来衡量公司投资效率，并直接检验董事海外经历对投资—投资机会敏感度的影响。其次，借鉴 Biddle 等（2009）、Chen 等（2017c）、张超和刘星（2015）以及其他相关研究，用反映公司流动性的特征变量构建衡量公司过度投资或投资不足倾向的指标，再分别检验董事海外经历对公司过度投资和投资不足的影响。最后，还采用 Richardson 投资模型进行了稳健性检验，先估计出公司的预期投资水平，残差大于 0 的组为过度投资组，残差小于 0 的组为投资不足组，再检验董事海外经历对公司投资效率的影响。

本章的实证结果表明，董事海外经历与公司投资效率之间存在显著的正相关关系，这一发现在使用不同的变量衡量公司投资以及不同的变量衡量董事海外经历时皆成立。从经济意义上看，有海外经历的董事占比每提升 1%，公司对于投资机会的敏感度将提升 7%。此外，在分别检验了董事海外经历对于公司过度投资和投资不足的影响后发现，董事海外经历有助于抑制公司的过度投资，而对于公司的投资不足没有显著影响。

本章进一步检验了董事海外经历影响公司投资效率的可能的渠道。我们猜想，有海外经历的董事可以更好地发挥其监督职能，缓解代理问题和信息不对称，从而提升投资效率（本章将这一影响机制简称为监督机制）。通过实证检验发现，有海外经历的董事占比越高的公司，其控股股东的关联交易显著更低，表明有海外经历的董事有助于抑制控股股东通过关联交易进行利益侵占，从而抑制过度投资，这一发现支持了监督机制。

为了提供更多关于监督机制的证据，本章还进行了一系列分组检验，包括根据公司的治理质量、信息环境、融资约束程度等进行分组回归，以检验董事海外经历与公司投资效率之间的正相关关系在不同的公司特征下有何不同。研究结果表明，在公司治理质量较弱、信息环境透明度较低、融资约束程度较高的子样本中，董事海外经历对投资效率的正向影响更为显著。此外，本章还发现，当董事的海外经历是来自公司监管实践更强的国家时，其对于投资效率的正向影响也更为显著。这些发现均为监督机制提供了进一步的支持。

本章的主要结论在经过一系列稳健性检验之后依然成立，包括：①采用 Richardson 投资模型；②控制 CEO 海外经历的影响；③使用工具变量法缓解内生性问题的影响。

总体来看，本章的研究具有以下几点贡献：第一，已有文献虽然从不同的视角证明了良好的公司治理有助于提升公司投资效率，但鲜有文献以董事会的监督职能作为切入点来探究董事海外经历对公司投资效率的影响，本章的研究不仅丰富了董事会特征影响公司决策的相关文献，也丰富了关于公司治理影响投资效率的研究。第二，进一步对可能的影响机制进行了检验，发现"海归"董事提升公司投资效率的可能的机制之一是通过更好地发挥监督职能，为提升公司投资效率、完善公司治理结构提供了一个重要而有益的视角。第三，本章的发现丰富了关于董事海外经历的研究，并为公司治理实践可以在全球进行传递提供了实证证据。

本章其余部分安排如下：5.2 节回顾相关文献并提出研究假设；5.3 节介绍研究设计，包括样本选择、变量定义、模型设定和描述性统计分析；5.4 节报告并讨论主要的实证结果；5.5 节检验可能的影响机制；5.6 节进行稳健性检验，包括内生性分析；5.7 节为本章小结。

5.2　文献回顾与研究假设

5.2.1　文献回顾

在一个无摩擦的完美世界中（Modigliani and Miller，1958），公司的投资仅取决于其投资机会（用托宾 Q 衡量）（Baker et al.，2003；Modigliani and Miller，1958；Tobin，1969）。然而，在复杂的现实世界里，信息不对称和代理问题等资本市场摩擦会导致企业的投资偏离其最优投资水平（Baker et al.，2003；Chen et al.，2007；McLean et al.，2012）。

信息不对称理论认为，企业管理者和投资者之间的信息不对称会导致企业投资不足（Myers，1984）。企业与外部投资者之间由于信息不对称而产生的逆向选择（Adverse Selection）和道德风险（Moral Hazard）可能导致更高的外部资本成本，从而导致融资约束（Financial Constraints）和投资不足（Myers，1984）。在逆向选择模型下，当公司估值过高时，管理者更有可能发行资本，因为他们比外部投资者更了解公司资产的真实价值和成长机会。然而，理性的投资者可能会预期这种结果，并要求溢价，这会增加资本成本，导致投资不足。在道德风险模型下，管理者有动机最大化个人利益，从而导致过度投资（Jensen，1986）。然而，外部投资者可能会预见到这些问题并提高资本成本，从而导致融资约束和投资不足（Stiglitz and Weiss，1981）。

代理理论认为，管理者在做出投资决策时存在最大化个人利益的动机，而不是最大化股东利益（Jensen and Meckling，1976），从而导致投资效率低下。运用代理理论分析中国上市公司的投资问题时需要考虑两种代理问题：①经理人与股东之间的代理问题（以下简称第一类代理问题）；②控股股东与中小股东之间的代理问题（以下简称第二类代理问题）。第一类代理问题的存在可能导致过度投资，已有研究表明投资支出与现金流之间存在正相关关系（Cleary，1999；Cummins et al.，2006；Fazzari et al.，1988；Hubbard，1998；Richardson，2006）。Opler 等（1999）发现，当公司有剩余现金时，即使在公司并没有好的投资机会的情况下，经理人依然可能会进行更多的资本支出和收购（Acquisition）。Harford（1999）指出，现金充裕的公司更可能进行收购，导致公司经营业绩异常下滑。第二类代理问题在中国十分普遍（Jiang et al.，2010；Liu and Lu，2007；李增泉等，2004），控股股东会通过"掏空"（Tunneling）行为从少数股东那里攫取资源，他们可能会利用其控制权迫使上市公司投资于一些有利于其自身但有损公司价值的投资项目。Johnson 等（2000）指出，中国上市公司中大股东的关联交易可能导致过度投资。万良勇（2013）指出大股东的代理是导致我国上市公司非效率投资的重要原因之一。

从代理问题或信息不对称角度探究公司投资效率的文献指出，良好的公司治理和内部控制有助于提升公司的投资效率（方红星和金玉娜，2013）。Billett 等（2011）、Giroud 和 Mueller（2010）发现公司治理越差的公司更有可能发生非效率投资。俞红海等（2010）研究发现股权集中或控股股东的存在会导致公司过度投资，而公司治理机制的改善则可以有效抑制过度投资。杨兴全等（2010）发现公司超额持有现金流会导致过度投资行为，而公司治理环境的改进有助于抑制过度投资。方红星和金玉娜（2013）发现良好的公司治理和内部控制可以抑制公司的非效率投资。

现有文献主要从公司内外部治理机制的视角研究公司治理对投资效率的影响，从外部治理机制进行探究的文献主要有：Chen 等（2017b）发现外国机构投资者持股可以改善公司治理和提升公司的财务透明度，从而缓解代理问题和信息不对称，进而提升公司的投资效率；Chen 等（2017c）发现高质量的分析师预测有助于提升公司信息透明度并加强公司的外部监督，从而提升投资效率；Jiang 等（2018）发现公司的多个大股东的存在可以发挥治理功能，缓解代理问题和信息不对称，提升投资效率。Wang 等（2020）发现银行持股有助于加强公司治理，促使公司减少现金持有并抑制控股股东的掏空行为，提升投资效率。万良勇（2013）发现加强法制有助于公司治理机制更好地发挥监督作用，制约经理人和大股东的代理问题，从而提高上市公司的投资效率。李延喜等（2015）考察了外部治理环境对投资效率的影响，发现加强法律组织以及第三方监管机构的监督管理职能有助于提升上市公司的投资效率。

从内部治理机制进行探究的文献主要包括：肖珉（2010）发现现金股利具有治理功能，有助于抑制内部现金流富余的公司过度投资。李万福等（2011）研究发现公司内控质量在提升公司投资效率方面发挥着重要作用，良好的内部控制有助于预防和及时发现不合理的关联交易，缓解第二类代理问题，内控质量的提高有助于抑制公司过度投资并减轻公司投资不足。张会丽和陆正飞（2012）运用主成分分析法，选用公司第一大股东持股比例、股权集中度、高管持股、控股权性质、总经理与董事长两职合一、独立董事比例等特征构建公司治理指数，探究公司治理对过度投资的影响，发现高质量的公司治理可以抑制过度投资。张超和刘星（2015）研究表明内部控制缺陷信息披露有助于降低信息不对称，从而提高企业投资效率。姚立杰等（2020）认为能力强的管理者可以通过缓解信息不对称问题和代理问题提高投资效率。

从内部治理机制进行探讨的文献也关注了董事会作为内部治理机制的核心对于公司投资效率的影响。例如，Rajkovic（2020）发现首席独立董事的存在有助于提升公司投资效率，叶康涛等（2007）发现独立董事有助于减少大股东的"掏空"。陈运森和谢德仁（2011）发现网络中心度越高的独立董事能发挥更好的治理作用，从而提升公司的投资效率。

虽然已有文献从不同的视角广泛探究了公司治理对投资效率的影响，但是鲜有文献从董事会这一内部治理机制的视角探讨董事海外经历对公司投资效率的影响。董事会作为公司内部治理机制的核心，对公司治理以及公司投资有着重要影响，探讨如何提升董事会在公司投资方面发挥的作用具有重要意义。因此，本章从董事会监督职能的视角具体探究董事海外经历对公司投资效率的影响。

与本章研究话题相关的文献是 Dai 等（2018）的研究，他们发现"海归"人才（高管和董事）可以提高公司的投资效率。但是，本章的研究与 Dai 等（2018）的研究在以下几个重要方面有所不同。第一，Dai 等（2018）关注的是公司高管和董事，他们是从"知识溢出"的角度来探究高管和董事的海外经历对投资效率的影响，他们的研究没有区分董事的职能和高管的职能，也没有对可能的影响机制进行探索。与他们不同的是，本章关注的是董事会，是从董事会的监督职能这一全新视角探讨董事海外经历对公司投资效率的影响，更为重要的是，我们对可能的影响机制进行了探索，发现董事海外经历影响公司投资效率的途径之一是通过更好地发挥其监督治理职能。第二，Dai 等（2018）的样本期间为 2000～2007 年，在此期间只有少数公司的高管或董事拥有海外经历，Dai 等（2018）的研究样本中，有海外经历的高管和董事的平均占比为 1.7%，这意味着在一个有 10 名管理者的公司中，有海外经历的董事和高管的人数不到 0.2，这使得他们的研究无法区分董事会的职能与高管的职能。相比之下，本章的研究采用 2008～2018 年的最新数据，在此期间，"海归"董事大幅增加，在我们的研究样本中，有海外经历的董事占董事总人数的比例的平均值为 11.1%（见表 5-2）。第三，本章的研究采用了三种不同的模型检验董事海外经历对公司投资效率的影响，有助于得出更加稳健的结论。

5.2.2　研究假设

根据烙印理论，个人在敏感时期的经历会对其认知和价值观等方面产生影响（Marquis and Tilcsik，2013），根据高层梯队理论，公司决策者的认知和价值观又会进一步影响公司的经营决策（Hambrick，2007；Hambrick and Mason，1984）。基于此，本章猜想董事海外经历会影响公司决策。

具体来讲，本章猜想海外经历有助于董事更好地发挥监督职能，从而提升公司的投资效率，原因在于：①关于海外经历的研究指出，国际经历会影响个人的价值观，并提供宝贵且稀缺的资源（Carpenter et al.，2001；Suutari and Mäkelä，2007）。"海归"人才可以将在国外学到的知识和技能转移到本国（Bhagwati and Hamada，1974），进而提高国内公司的绩效和生产力（Bloom et al.，2007），降低公司的盈余管理（Giannetti et al.，2015），提升公司的整体表现（Giannetti et al.，2015）和提高企业社会责任（Zhang et al.，2018）。②已有研究表明，公司治理实践可以通过管理者的海外经历在各国之间进行传递（Miletkov et al.，2017；Iliev and Roth，2018），并且大多数关于治理实践的传递都是从公司治理好的国家传递到治理结构相对薄弱的国家（Iliev and Roth，2018）。再结合 5.2.1 节中关于良好的公司治理可以提升公司投资效率的论述，本章猜想：海外经历有助于董事学到良好的公司治理实践，更好地发挥监督职能，从而缓解代理问题和信息不对称，进而提升公司的投资效率。因此，本章的基本假设如下：

假设 5-1：董事海外经历有助于提升公司的投资效率。

第二类代理问题（大股东与中小股东之间的代理问题）的存在可能导致上市公司投资于部分净现值小于零的项目而引发过度投资（Johnson et al.，2000）。控股股东的资产收购是导致过度投资和损害公司价值的最常见的"掏空"行为（Jiang et al.，2010；Wang et al.，2020），控股股东可能会使公司以高于市场水平的价格购买控股股东的资产，或者投资于能使控股股东享受协同效应的投资项目，从而导致过度投资。控股股东的利益侵占（Expropriation）问题在我国尤为严重（Jiang et al.，2010；Liu and Lu，2007；李增泉等，2004）。当控股股东拥有超额控制权（Excess Control Rights）时，其更有可能通过关联交易进行"掏空"。俞红海等（2010）研究发现股权集中或者控股股东的存在会引起过度投资，而公司治理机制的改善则可以有效抑制过度投资。Wang 等（2020）的研究也发现良好的监督机制有助于抑制控股股东关联交易所引发的过度投资。而根据本节关于董事海外经历有助于提升公司治理质量的阐述，我们猜想有海外经历的董事有助于抑制控股股东的关联交易，从而抑制公司的过度投资。由此，我们提出如下假设：

假设 5-2：董事海外经历有助于降低控股股东的关联交易。

Rediker 和 Seth（1995）研究发现各种治理机制之间存在互相替代（Substitution）的效应，已有许多文献均为这一观点提供了支持性证据（Chen et al.，2017b；Chen et al.，2017c；Rajkovic，2020；Sun，2009；To et al.，2018；Wang et al.，2020）。基于此，本章猜想，在其他治理机制较弱的情况下，"海归"董事的监督治理作用更容易凸显出来，因而对于投资效率的促进作用更强。如果公司本身的治理机制很完善，公司治理质量很好，那么这些公司治理机制会部分地替代"海归"董事在公司治理方面发挥的作用，在这种情况下，"海归"董事在提升公司投资效率方面发挥的作用就会减弱。同理，在信息环境越不透明、公司融资约束程度越高的公司，"海归"董事的监督治理作用更加容易凸显出来，因而其对投资效率的积极影响预期也会更强。综上所述，我们提出如下假设：

假设 5-3：在公司治理质量越差、信息不对称越严重、融资约束程度越高的公司，董事海外经历对投资效率的影响越强。

由于不同国家的公司治理存在较大差异，所以来自不同国家的海外经历的影响预计也是不同的。根据 Iliev 和 Roth（2018）的研究，大多数关于治理实践的传递都是从公司治理好的国家传递到治理结构相对薄弱的国家。因此，本章猜想来自公司治理实践更强的国家的海外经历其影响预计也将更强，由此提出如下假设：

假设5-4：当海外经历是来自公司监管实践更强的国家时，董事海外经历对投资效率的影响更强。

5.3 研究设计

本节详细介绍本章的样本选择和数据来源，变量的选取与定义，文章的主要回归模型，以及主要变量的描述性统计。

5.3.1 样本选取与数据来源

本章的初始样本包括2008～2018年中国非金融类A股上市公司。为了力求数据的准确性和可靠性，本章按照以下原则对初始样本进行了筛选：①剔除金融行业上市公司，因为这类公司存在行业特殊性；②剔除发行B股或H股的公司并剔除外资企业①，因为这类公司有可能面临与其他国内公司不同的监管环境；③剔除样本期间内被标为ST或*ST的公司，因为这类公司通常面临财务困境；④剔除数据不全的公司。本章最终获得了22498个观测值（Observations），涵盖3291家上市公司。本章对所有连续变量按1%和99%分位进行了缩尾处理（Winsorize），以避免极端值对回归结果造成的干扰。本章使用的所有财务数据、董事海外经历的相关数据均来自CSMAR（China Stock Market & Accounting Research）数据库。关于机构投资者持股比例的数据从Wind数据库下载。公司并购支出、研发支出以及公司基本信息等相关数据从中国研究数据服务平台（China Research Data Service，CNRDS）下载。本章样本期间从2008年开始，截至2018年，因为本书写作时，CSMAR数据库中关于董事海外经历的数据起始于

---

① 根据CSMAR数据库中对上市公司按照股权性质的分类，上市公司的股权性质包括四种：国有、民营、外资和其他。由于本章的研究话题涉及董事海外经历，考虑到外资企业更有可能聘请有海外经历的董事，同时外资企业的投资策略有可能与其他国有或民营企业不同，为了避免这一潜在因素对本章所要研究话题的影响，本章去掉了外资企业。

2008 年，截止到 2018 年。

5.3.2 变量定义

本节对本章主要变量的选取与定义进行说明，包括因变量，解释变量以及控制变量。

5.3.2.1 因变量

本章的主要因变量为公司投资，参照 Biddle 等（2009）、Chen 等（2017c）以及 Cheng 等（2013）等的做法，公司投资（*Invest*）用公司的资本性支出加上并购支出加上研发支出，除以公司年初的总资产进行衡量。公司的资本性支出等于公司现金流量表（直接法）中构建固定资产、无形资产和其他长期资产支付的现金减去处置固定资产、无形资产和其他长期资产收回的现金。

国外关于公司投资的大部分研究均采用了这种方式衡量公司投资，这种衡量方式的优点在于它同时考虑了几种类型的投资，可以较为全面地衡量公司的投资支出（Biddle et al.，2009）。鉴于此，本章的研究也采用这种衡量方式。也有一些文献直接使用公司的资本性支出除以年初总资产（*Invest*2）衡量公司投资（Chen et al.，2011），因此本章采用 *Invest*2 进行了稳健性检验。

5.3.2.2 解释变量

本章的主要解释变量是董事海外经历。借鉴 Giannetti 等（2015）的研究，上市公司董事会成员如果曾在中国大陆地区以外的国家或地区学习或工作过，则被视作有海外经历，具体采用有海外经历的董事人数占董事会总人数的比例（*Overseas*）进行衡量。本章还采用了另外两种衡量董事海外经历的指标作为稳健性检验，包括上市公司董事会中有海外经历的董事的总人数（*Overseas Number*）和虚拟变量 *Overseas Dummy*，如果公司有至少 1 位董事有海外经历，则取值为 1，否则为 0。

5.3.2.3 控制变量

借鉴已有文献的做法（Biddle et al.，2009；Chen et al.，2017c；Cheng et al.，2013；张超和刘星，2015），控制变量包括可能影响公司投资的相关变量。其中，公司特征变量包括：①公司规模（*Size*），用公司总资产的自然对数进行衡量；②公司年龄（*Age*），用公司上市年限加 1 后取自然对数进行衡量；③负债比率（*Leverage*），用公司的负债总额除以公司的市场价值进行衡量；④现金持有量（*Cash*），等于公司年末现金及现金等价物余额除以公司总资产；⑤有形资产占比（*Tangibility*），等于公司的有形资产总额除以总资产；⑥是否发放股利（*Dividend*），虚拟变量，如果公司当年发放股利则取值为1，否则为0；⑦是否亏损（*Loss*），虚拟变量，如果公司息税前利润小于0，则取值为1，否则取0；⑧股权性质（*SOE*），国有企业取1，否则取0。

本章还根据 Chen 等（2017b）、Chen 等（2017c）、Jiang 等（2018）、To 等（2018）的相关研究，加入了其他一些可能影响公司投资额的与公司治理质量相关的控制变量，具体包括：①两职合一（*Duality*），虚拟变量，如果公司的董事长同时兼任首席执行官（CEO），则 *Duality* 取值为1，否则取0；②独立董事占比（*Ind Directors*），等于独立董事人数除以董事会总人数；③第一大股东持股比例（*Largest Share*），等于公司第一大股东的持股数量除以公司总的股份数；④机构投资者持股比例（*Institution*），等于公司的机构投资者持股数量除以公司总的股份数；⑤外国投资者持股比例（*Foreign*），等于公司外国投资者的持股数量除以公司总的股份数；⑥分析师关注度（*Analyst*），等于一年内对该公司进行过跟踪分析的分析师（团队）数量加1后取自然对数。

5.3.3 模型设定

本章主要通过三种方式来检验董事海外经历对公司投资效率的影响。首先，参照 Baker 等（2003）、McLean 等（2012）、喻坤等（2014）以及其他相关研究，我们采用投资对投资机会的敏感度来衡量公司投资效率，并直接检验董事海外经历对投资—投资机会敏感度的影响。其次，借鉴 Biddle 等（2009）、Chen 等（2017c）、张超和刘星（2015）以及其他相关研究，用反映公司流动性的特征变量构建衡量公司过度投资或投资不足倾向的指标，分别检验董事海外经历对于过度投资和投资不足的影响。最后，采用 Richardson 投资模型进行稳健性检，估计出公司的预期投资水平，残差大于0的组为过度投资组，残差小于0的组为投资不足组，再检验董事海外经历对投资效率的影响。

鉴于第一种方法（模型一）被国内外相关研究广泛采用（Baker et al.，2003；Fazzari et al.，1988；McLean et al.，2012；Whited，1992；黄海杰等，2016；喻坤等，2014；张新民等，2017），因此本章也采用第一种方法作为基准模型。另外两种方法，Biddle 等（2009）模型（模型二）和 Richardson 投资模型（模型三）的优点在于可以直接度量公司的过度投资和投资不足，但 Richardson 投资模型的缺点在于忽略了回归残差在0附近的适度投资情况（陈运森和谢德仁，2011），因此本章对于过度投资和投资不足的检验采用的是 Biddle 等（2009）模型。本章在稳健性检验部分也提供了运用 Richardson 投资模型的检验结果。本节接下来分别对这三种模型进行详细介绍。

5.3.3.1 模型一

首先，借鉴 Baker 等（2003）、Chen 等（2017b）、Chen 等（2011）、Fazzari 等（1988）、Jiang 等（2018）、McLean 等（2012）、Whited（1992）、黄海杰等（2016）、应千伟和罗党论（2012）、喻坤等（2014）、张新民等（2017）的做法，采用公司对于投资机会的敏感度来衡量公司投资效率，具体运用以下模型来探究董事海外经历对公司投资效率的影响：

$$Invest_{i,t} = \beta_0 + \beta_1 Overseas_{i,t-1} \times Investment\ Opportunities_{i,t-1} + \beta_2 Overseas_{i,t-1} +$$
$$\beta_3 Investment\ Opportunities_{i,t-1} + \lambda Controls_{i,t-1} + \alpha_t + \alpha_i + \varepsilon_{i,t} \qquad (5-1)$$

其中，i 表示公司，t 表示时间，因变量 $Invest_{i,t}$ 表示公司 i 在第 t 年的投资，具体等于公司 i 在第 t 年的资本性支出、并购支出以及研发支出之和除以公司年初总资产。$Overseas_{i,t-1}$ 表示公司 i 在第 $t-1$ 年的"海归"董事所占比例，具体等于有海外经历的董事人数除以董事会总人数。$Investment\ Opportunities_{i,t-1}$ 表示公司 i 在第 $t-1$ 年的投资机会，用托宾 Q（TQ）来衡量。[①]

式（5-1）中，投资机会的估计系数 β_3，衡量了公司投资对投资机会的敏感度。Modigliani 和 Miller（1958）认为投资支出与投资机会之间存在正相关关系，即公司投资应当对投资机会敏感，在有好的投资机会时增加投资，在缺乏好的投资机会时减少投资，因此 β_3 反映了公司的投资效率，该值越大代表公司的投资效率越高。董事海外经历与公司投资机会的交乘项的估计系数 β_1，则衡量了董事海外经历对投资—投资机会敏感度的影响，即对公司投资效率的影响。依据本章假设 5-1，董事海外经历与公司投资效率之间存在正相关关系，因此如果 β_1 的估计值显著为正，则支持本章假设。$Controls$ 表示控制变量，包括 5.3.2 节中阐述的所有控制变量。本章借鉴已有文献的做法，将回归模型中的解释变量和控制变量均滞后一期，因为公司的投资决策通常是当年年初依据上一年的投资机会做出的（Jiang et al.，2018）。本章还借鉴 Chen 等（2017b）、Jiang 等（2018）、喻坤等（2014）的做法，在模型中加入了年份固定效应（α_t）和公

---

① 也有文献采用公司的营业收入增长率（*Sales Growth*）来衡量公司的投资机会（Whited 和 Wu，2006），本章也使用 *Sales Growth* 进行了稳健性检验，并不改变文章主要结论。

司固定效应（α_i）[①]，$\varepsilon_{i,t}$ 表示误差项。最后，遵照 Petersen（2009）的建议，本章对所有回归均进行了公司层面的聚类标准误处理。

5.3.3.2　模型二

借鉴 Biddle 等（2009）、Chen 等（2017c）、Cheng 等（2013）以及张超和刘星（2015）等的做法，本章采用以下模型检验董事海外经历对于公司过度投资和投资不足的影响：

$$Invest_{i,t} = \beta_0 + \beta_1 Overseas_{i,t-1} + \beta_2 Overseas_{i,t-1} \times Over\ Firm_{i,t-1} + \beta_3 Over\ Firm +$$
$$\lambda Controls_{i,t-1} + \alpha_t + \alpha_i + \varepsilon_{i,t} \qquad (5-2)$$

其中，i 表示公司，t 表示时间，因变量 $Invest_{i,t}$ 表示公司 i 在第 t 年的投资，具体等于公司 i 在第 t 年的资本性支出、并购支出以及研发支出之和除以公司年初总资产。$Overseas_{i,t-1}$ 表示公司 i 在第 $t-1$ 年的有海外经历的董事占比，具体等于有海外经历的董事数量除以董事会总人数。$Over\ Firm_{i,t-1}$ 是衡量公司 i 在 $t-1$ 期过度投资倾向的指标。$Over\ Firm$ 的构建是基于两个反映公司流动性的指标：公司的现金持有量（$Cash$）和公司负债比率（$Leverage$）。已有研究认为：平均而言，现金持有量越高的公司更有可能存在代理问题和对于超额现金的低效率使用的情况，例如进行额外消费以及过度投资（Blanchard 等，1994；Jensen，1986；Opler 等，1999）。相反，负债比率越高（缺乏现金）的公司更有可能面临财务约束，导致投资不足（Aivazian 等，2005；Myers，1977）。因此，公司过度投资（投资不足）的倾向与较高的现金持有量和较低的负债水平（较低的现金持有量和较高的负债水平）相关（Biddle 等，2009）。

根据 Biddle 等（2009）、Cheng 等（2013）、Chen 等（2017c）的做法，$Over\ Firm$ 的具体构建方法为：首先，在每一年分别对所有公司的 $Cash$ 和 $-Leverage$ 这两个指标由小到大进行十分位排序，在排序之前将 $Leverage$ 乘以负 1 是为了让公司的过度投资倾向随 $-Leverage$ 的增加而增加。在这样一种排序方式下，排序越高的公司越有可能过度投资，排序越低的公司越有可能投资不足。其次将两组组序的值相加后除以 2，并进行 0~1 标准化处理，得到的值即为 $Over\ Firm$。

[①]　由于影响公司投资的因素非常多，为了尽可能控制遗漏变量或者无法测量因素的影响，本章参照已有关于公司投资的相关研究的做法，如 Chen 等（2017b）、Jiang 等（2018）、喻坤等（2014）等，在模型中加入了年份固定效应和公司层面固定效应。本章也用年份固定效应和行业固定效应对式（5-1）进行了回归，发现 β_1 的估计系数依旧显著为正，并不影响本章的结论。

模型（5-2）中，β_1 反映了董事海外经历对公司投资不足的影响（$Over\ Firm$ 为 0 时）。$\beta_1>0$ 表示有海外经历的董事占比越高的公司，越有可能在公司投资不足时增加公司的投资水平，减缓公司的投资不足。$\beta_1+\beta_2$ 反映了董事海外经历对公司过度投资的影响，如果 $\beta_1+\beta_2$ 显著小于 0，则表示有海外经历的董事占比越高的公司，越有可能在公司过度投资时降低其投资水平，抑制公司的过度投资。$Controls$ 表示控制变量，与模型（5-1）中的控制变量相同①，所有解释变量和控制变量均做了滞后一期处理。α_t 和 α_i 分别表示年份固定效应和公司固定效应，$\varepsilon_{i,t}$ 表示误差项。

5.3.3.3 模型三

作为本章 5.6 节中稳健性检验的一部分，我们还采用了 Richardson（2006）的公司期望投资模型，先估计出公司的预期投资水平，然后用模型的残差衡量公司投资效率，残差大于 0 代表过度投资，残差小于 0 代表投资不足。再分别检验董事海外经历对公司过度投资和投资不足的影响，具体模型见式（5-3）：

$$Invest_{i,t} = \beta_0 + \beta_1 TQ_{i,t-1} + \beta_2 Size_{i,t-1} + \beta_3 Age_{i,t-1} + \beta_4 Leverage_{i,t-1} + \beta_5 Cash_{i,t-1} +$$
$$\beta_6 Return_{i,t-1} + \beta_7 Invest_{i,t-1} + \alpha_t + \alpha_j + \varepsilon_{i,t} \qquad (5-3)$$

其中，$Invest_{i,t}$ 表示公司 i 在第 t 年的投资，$TQ_{i,t-1}$、$Size_{i,t-1}$、$Age_{i,t-1}$、$Leverage_{i,t-1}$、$Cash_{i,t-1}$、$Invest_{i,t-1}$ 分别表示公司 i 在第 $t-1$ 年的投资机会、公司规模、上市年限、负债比率、现金持有量和公司投资。$Return_{i,t-1}$ 表示公司 i 在 $t-1$ 年 5 月到 t 年 4 月经市场调整的以月股票回报率计算的年度股票收益率。式（5-3）还控制了年份固定效应（α_t）和行业固定效应（α_j），$\varepsilon_{i,t}$ 表示误差项。

根据式（5-3）可以估计出公司的预期合理投资水平，以及实际投资水平与预期投资水平之间的差额（残差），用残差的绝对值 $Ineff_{i,t}$ 来衡量公司 i 在 t 年的投资非效率（$Inefficiency$）的程度，$Ineff_{i,t}$ 越高代表公司的实际投资水平偏离预期合理投资水平越远，则投资非效率的程度越高。反之，$Ineff_{i,t}$ 越低则表示投资非效率程度越低。如果回归的残差为正，表示公司 i 在 t 年存在过度投资，用 $Over\ Invest_{i,t}$ 表示；如果回归的残差为负，表示公司 i 在 t 年存在投资不足，用 $Under\ Invest_{i,t}$ 表示，为了便于理解，$Under\ Invest_{i,t}$ 用残差的绝对值表示。$Over\ Invest_{i,t}$（$Under\ Invest_{i,t}$）的数值越大，过度投资（投资不足）的程度越大，投资效率

---

① 由于 $Over\ Firm$ 是由 $Cash$ 和 $Leverage$ 这两个变量组成的，因此式（5-2）的控制变量中没有再单独使用 $Cash$ 和 $Leverage$。

越低。参照陈运森和谢德仁（2011）的研究，采用以下模型检验董事海外经历对投资效率的影响：

$$Ineff_{i,t}(or\ Over\ Invest_{i,t}\ Under\ Invest_{i,t}) = \beta_0 + \beta_1 Overseas_{i,t-1} + \lambda Controls_{i,t-1} + \alpha_t + \alpha_i + \varepsilon_{i,t}$$

$$(5-4)$$

其中，因变量分别为 $Ineff_{i,t}$、$Over\ Invest_{i,t}$、$Under\ Invest_{i,t}$ 分别表示公司 i 在第 t 年的投资非效率程度、过度投资和投资不足。解释变量为有海外经历的董事人数占董事会总人数的比例（$Overseas_{i,t-1}$），$Controls_{i,t-1}$ 表示控制变量，与本章基准模型［式（5-1）］中的控制变量一致，所有控制变量和解释变量均滞后一期，并加入了年份固定效应（α_t）和公司固定效应（α_i），$\varepsilon_{i,t}$ 表示误差项。

本章主要变量的定义如表5-1所示。

表5-1 董事海外经历与公司投资效率研究的主要变量定义和说明

变量名称	变量符号	变量描述
公司投资	Invest	公司的资本性支出加上并购支出加上研发支出，除以公司年初的总资产。公司的资本性支出等于公司现金流量表（直接法）中构建固定资产、无形资产和其他长期资产支付的现金减去处置固定资产、无形资产和其他长期资产收回的现金
公司投资	Invest2	公司的资本性支出除以公司年初的总资产。公司的资本性支出等于公司现金流量表（直接法）中构建固定资产、无形资产和其他长期资产支付的现金减去处置固定资产、无形资产和其他长期资产收回的现金
董事海外经历	Overseas	有海外经历的董事人数/董事会总人数
董事海外经历	Overseas Number	有海外经历的董事人数
董事海外经历	Overseas Dummy	虚拟变量，如果公司有至少1位董事有海外经历，则取值为1，否则为0
公司规模	Size	公司总资产的自然对数
上市年限	Age	公司上市年限加1后取自然对数
负债比率	Leverage	总负债/公司市场价值
现金持有量	Cash	期末现金及现金等价物余额/总资产
有形资产比率	Tangibility	有形资产总额/总资产
是否发放股利	Dividend	虚拟变量，如果公司在该会计年度发放现金股利，则取值为1，否则取0
是否亏损	Loss	虚拟变量，如果公司在该会计年度的息税前利润小于0，则取值为1，否则取0
产权性质	SOE	虚拟变量，国有企业取值为1，否则取0

变量名称	变量符号	变量描述
两职合一	*Duality*	虚拟变量，如果公司的董事长同时兼任总经理，则取值为1，否则为0
独立董事占比	*Ind Directors*	独立董事人数/董事会总人数
第一大股东持股比例	*Largest Share*	第一大股东持股数量/公司股本数量
机构投资者持股比例	*Institution*	机构投资者持股数量/公司股本数量
外国投资者持股比例	*Foreign*	外国投资者持股数量/公司股本数量
分析师关注度	*Analyst*	一年内对该公司进行过跟踪分析的分析师（团队）数量加1后取自然对数
托宾Q	*TQ*	托宾 Q＝（每股股价×流通股股数+每股净资产×非流通股股数+负债账面价值）/总资产
过度投资倾向	*Over Firm*	在每一年，分别对所有公司的 *Cash* 和 *−Leverage* 这两个指标由小到大进行十分位排序，在排序之前将 *Leverage* 乘以 −1 是为了让公司的过度投资倾向随 *−Leverage* 的增加而增加。再将两组组序的值相加后除以2，并进行 0～1 标准化处理，得到的值即为 *Over Firm*
股票收益率	*Return*	公司在 $t-1$ 年5月到 t 年4月经市场调整的以月股票回报率计算的年度股票收益率
投资非效率程度	*Ineff*	式（5-3）回归残差的绝对值
过度投资	*Over Invest*	式（5-3）回归残差大于0的项
投资不足	*Under Invest*	式（5-3）回归残差小于0的项取绝对值

5.3.4　描述性统计分析

表5-2报告了本章样本的观测值数量（Obs）、均值（Mean）、标准差（Std）、最小值（Min）、中位数（Median）、最大值（Max）。可以看出，公司投资（*Invest*）的均值为7.7%，中位数为6.0%。有海外经历的董事占比的平均值为11.1%，表示在一个有10名董事的公司中大约有1名董事有海外经历。本章的样本公司中，有超过一半的公司（52.4%）有至少1名董事有海外经历。

表5-2　董事海外经历与公司投资效率研究的主要变量描述性统计

变量	Obs	Mean	Std	Min	Median	Max
Invest	22498	0.077	0.071	−0.046	0.060	0.408

变量	Obs	Mean	Std	Min	Median	Max
Invest2	22498	0.058	0.064	−0.050	0.039	0.382
Overseas	22498	0.111	0.143	0	0.091	0.667
Overseas Number	22498	0.957	1.240	0	1	6
Overseas Dummy	22498	0.524	0.499	0	1	1
TQ	22498	2.010	1.260	0.906	1.600	9.530
Size	22498	22.000	1.300	19	21.900	26.60
Age	22498	1.980	0.919	0	2.200	3.300
Leverage	22498	0.282	0.202	0.017	0.234	0.904
Cash	22498	0.231	0.254	0.004	0.154	1.580
Tangibility	22498	0.930	0.087	0.526	0.958	1
Dividend	22498	0.742	0.438	0	1	1
Loss	22498	0.073	0.260	0	0	1
SOE	22498	0.415	0.493	0	0	1
Duality	22498	0.256	0.436	0	0	1
Ind Directors	22498	0.372	0.052	0.308	0.333	0.571
Largest Share	22498	0.354	0.149	0.087	0.337	0.750
Institution	22498	0.369	0.238	0	0.369	0.866
Foreign	22498	0.007	0.038	0	0	0.261
Analyst	22498	1.610	1.140	0	1.610	3.640

5.4 实证结果与分析

5.4.1 董事海外经历与公司投资效率

本小节检验董事海外经历与公司投资效率之间的关系。表5-3报告了本章的基准模型——式（5-1）的回归结果，其中第（1）~第（3）列的因变量为公司总投资额除以年初总资产（Invest），最后一列的因变量为公司的资本性支出除以年初总资产（Invest2）。投资机会用托宾 Q（TQ）衡量，第（1）~第（4）列的解释变量分别为：*Overseas Dummy×TQ*、*Overseas Number×TQ*、*Overseas×TQ*、*Overseas×TQ*。由表 5-3 的回归结果可知，*TQ* 的估计系数显著为正，表明公司投资与投资机会之间存在显著的正相关关系，即投资对投资机会是敏感的，这与 Modigliani 和 Miller（1958）的发现相符。董事海外经历与托宾 Q 的交乘项（*Overseas Dummy×TQ*、*Overseas Number×TQ*、*Overseas×TQ*）的估计系数在表 5-3 的所有回归中均显著为正，表明董事海外经历与公司投资效率之间存在显著的正相关关系。具体来看，第（1）列的结果表明，相比于没有"海归"董事的公司，有至少 1 位"海归"董事的公司其投资—投资机会敏感度显著更高。第（2）~第（4）列的结果表明，有海外经历的董事人数越多的公司或者有海外经历的董事占比越高的公司，其对于投资机会的敏感度也显著更高。

董事海外经历与托宾 Q 的交乘项的估计系数从经济意义上看也是显著的。根据第（3）列的结果，*TQ* 的估计系数为 0.002，*Overseas×TQ* 的系数为 0.010，*Overseas* 的均值为 0.111（由表 5-2 可知），那么在 *Overseas* 的平均值上估计的投资—投资机会敏感度为 0.003（0.002+0.010×0.111）。在保持其他变量不变的情况下，有海外经历的董事占比每增加 1%，投资—投资机会敏感度将从 0.003 增加到 0.00321［0.002 + 0.010（0.111 + 0.01）］，即投资效率将提升 7%［（0.0032−0.003）/0.003］。更直观地来看，在一个有 10 名董事的公司中，如果有海外经历的董事增加 1 名（也即增加 10%），则投资—投资机会敏感度将从 0.003 增加到 0.0041［0.002+0.010（0.111+0.1）］，即投资效率将提升 37%。

表 5-3 中控制变量的估计系数的符号与相关研究（Jiang et al.，2018）基本一致。公司规模（*Size*）和公司上市年限（*Age*）的估计系数显著为负，因为小公司和年轻的公司更有可能处在扩张阶段，因而会有更高的投资。负债比率（*Leverage*）对于公司投资的影响显著为负，因为杠杆率较高的企业获得额外债务融资的可能性较小，从而限制了投资。发放股利的公司（*Dividend*）和有形资产占比（*Tangibility*）越高的公司具有更高的投资水平，但上一年遭遇过亏损（*Loss*）的公司的投资水平则越低。民营企业的投资水平高于国有企业（*SOE*）的投资水平。对于公司治理变量而言，两职合一（*Duality*）、第一大股东持股比例（*Largest Share*）、外国投资者持股比例（*Foreign*）以及分析师关注度（*Analyst*）均对公司投资有显著正向的影响。其他变量的影响在统计上不显著。

总体来说，表 5-3 的结果表明，不管采用哪种方式衡量公司投资或者董事海外经历，董事海外经历与公司投资效率之间均存在显著的正相关关系，这一发现支持了本章假设 5-1。

表 5-3 董事海外经历与公司投资效率

变量	(1)	(2)	(3)	(4)
	Invest	Invest	Invest	Invest2
Overseas Dummy×TQ	0.002**			
	(2.05)			
Overseas Number×TQ		0.001**		
		(2.47)		
Overseas×TQ			0.010**	0.006*
			(2.55)	(1.70)
Overseas Dummy	−0.006***			
	(−2.72)			
Overseas Number		−0.003***		
		(−2.96)		
Overseas			−0.028***	−0.021**
			(−3.11)	(−2.55)
TQ	0.002**	0.002***	0.002***	0.002**
	(2.55)	(2.74)	(2.70)	(2.05)
Size	−0.005**	−0.005**	−0.005**	−0.003*
	(−2.32)	(−2.35)	(−2.35)	(−1.72)
Age	−0.017***	−0.018***	−0.018***	−0.015***
	(−7.29)	(−7.35)	(−7.35)	(−6.67)
Leverage	−0.070***	−0.070***	−0.070***	−0.063***
	(−9.29)	(−9.25)	(−9.29)	(−8.79)
Cash	0.002	0.002	0.002	0.005*
	(0.49)	(0.62)	(0.63)	(1.78)
Tangibility	0.027**	0.027**	0.027**	0.020**
	(2.57)	(2.52)	(2.53)	(1.98)
Dividend	0.006***	0.006***	0.006***	0.005***
	(4.28)	(4.27)	(4.28)	(3.77)
Loss	−0.012***	−0.012***	−0.012***	−0.011***
	(−6.92)	(−6.94)	(−6.92)	(−6.76)
SOE	−0.016***	−0.016***	−0.017***	−0.016***
	(−3.03)	(−3.05)	(−3.06)	(−3.15)

续表

变量	(1)	(2)	(3)	(4)
	Invest	*Invest*	*Invest*	*Invest2*
Duality	0.004**	0.004**	0.004**	0.004**
	(2.25)	(2.23)	(2.21)	(2.36)
Ind Directors	−0.022	−0.022	−0.021	−0.016
	(−1.51)	(−1.51)	(−1.45)	(−1.15)
Largest Share	0.039***	0.039***	0.039***	0.040***
	(3.90)	(3.85)	(3.87)	(4.24)
Institution	0.002	0.002	0.002	0.004
	(0.55)	(0.51)	(0.53)	(1.21)
Foreign	0.045**	0.046**	0.046**	0.056***
	(2.33)	(2.41)	(2.40)	(3.11)
Analyst	0.007***	0.007***	0.007***	0.006***
	(9.48)	(9.44)	(9.45)	(8.38)
Constant	0.186***	0.188***	0.187***	0.146***
	(4.21)	(4.25)	(4.24)	(3.48)
Observations	22498	22498	22498	22498
Adjusted R²	0.133	0.133	0.133	0.148
Year FE	Yes	Yes	Yes	Yes
Firm FE	Yes	Yes	Yes	Yes

注：***、**、*分别表示在1%、5%、10%水平上显著。括号内数值为T统计值，标准误经过了公司层面的聚类调整。

5.4.2　过度投资与投资不足

本小节利用式（5-2）分别检验董事海外经历对于公司过度投资和投资不足的影响。式（5-2）在 5.3.3 节中作了详细阐述，因而此处仅作简要回顾。基于两个反映公司流动性的指标：公司的现金持有量（*Cash*）和公司负债比率（*Leverage*），构建衡量公司过度投资或投资不足倾向的指标 *Over Firm*，*Over Firm* 越高代表公司的过度投资倾向越高，*Over Firm* 越低则代表公司越有可能投资不足。再采用式（5-2）分别检验董事海外经历对于公司过度投资和投资不足的影响。

式（5-2）的回归结果展示在表 5-4 中，第（1）列的因变量为 *Invest*，第（2）列的因变量为 *Invest2*。可以看出，*Over Firm* 的估计系数在 1% 的水平上显著为正，表明 *Over Firm* 越高的公司其过度投资倾向越高，这说明我们所构建的衡量公司过度投资或投资不足倾向的指标是有效的。再观察 *Overseas* 的估计系数，发现它在两列中均不显著，这表明在更有可能存在投资不足的公司中（*Over Firm* = 0），董事海外经历与公司投资之间不存在显著的关系。但是，*Overseas* × *Over Firm* 的估计系数在两列中均显著为负，并且 $\beta_1 + \beta_2$ 也为负数并且在1%的水平上显著，这表明对于有过度投资倾向的公司而言，董事海外经历与公司投资之间存在显著的负相关关系，这意味着董事海外经历可以显著抑制公司的过度投资。

从经济意义上看，由第（1）列的结果可知，对于有过度投资倾向的公司而言，有海外经历的董事占比每增加1%，公司的 *Invest* 将减少0.031%。更直观地来看，由于公司 *Invest* 的样本均值等于0.077（由表5-2可知），那么有海外经历的董事占比增加1%所对应的平均 *Invest* 的减少比率为40.3%（0.027/0.077）。第（2）列的结果在统计上和经济上与第（1）列的结果接近。总体来说，表5-4的结果表明，董事海外经历有助于抑制公司的过度投资，而对于投资不足没有显著影响。

表 5-4　过度投资与投资不足

变量	(1) *Invest*	(2) *Invest2*
Overseas	0.013 (1.25)	0.010 (0.98)
Overseas × *Over Firm*	−0.044 ** (−2.29)	−0.040 ** (−2.22)
Joint significance	−0.031 *** (p-$value$ = 0.009)	−0.030 *** (p-$value$ = 0.006)
Over Firm	0.060 *** (12.36)	0.060 *** (12.92)
TQ	0.005 *** (6.53)	0.004 *** (5.24)
Size	−0.010 *** (−5.91)	−0.008 *** (−4.90)
Age	−0.011 *** (−5.40)	−0.010 *** (−5.17)

续表

变量	（1）	（2）
	Invest	*Invest2*
Tangibility	0. 022 ** （2. 04）	0. 016 （1. 59）
Dividend	0. 005 *** （3. 89）	0. 004 *** （3. 30）
Loss	−0. 011 *** （−6. 41）	−0. 010 *** （−6. 14）
SOE	−0. 017 *** （−3. 12）	−0. 016 *** （−3. 19）
Duality	0. 004 ** （2. 23）	0. 004 ** （2. 38）
Ind Directors	−0. 023 （−1. 62）	−0. 018 （−1. 34）
Largest Share	0. 034 *** （3. 41）	0. 036 *** （3. 74）
Institution	0. 005 （1. 47）	0. 007 ** （2. 20）
Foreign	0. 037 * （1. 95）	0. 049 *** （2. 70）
Analyst	0. 007 *** （10. 35）	0. 006 *** （9. 21）
Constant	0. 246 *** （6. 01）	0. 195 *** （4. 99）
Observations	22498	22498
Adjusted R^2	0. 137	0. 154
Year FE	Yes	Yes
Firm FE	Yes	Yes

注：*** 、** 、* 分别表示在1%、5%、10%水平上显著。括号内数值为 T 统计值，标准误经过了公司层面的聚类调整。

5.5　影响机制检验

本节探讨董事海外经历影响公司投资效率的可能的影响机制。根据 5.2.1 节的讨论，代理问题和信息不对称是导致公司投资效率低下的两个主要因素。本章的假设认为，有海外经历的董事可以更好地发挥监督职能，缓解代理问题和信息不对称，从而提升公司的投资效率（本章将这一影响机制简称为监督机制）。5.4 节的实证结果也表明，董事海外经历对于投资效率的提升主要是通过抑制过度投资。因此，本节从过度投资的角度对监督机制进行直接检验。本节还进行了一系列分组检验，考察在不同的公司治理质量、信息环境和财务约束状况下，董事海外经历对投资效率的影响有何不同，并检验了来自不同国家的经历对投资效率的影响有何不同。

具体来讲，本节通过分别检验假设 5-2、假设 5-3 和假设 5-4 来检验监督机制。如果监督机制的确存在，则可以预计：①董事海外经历有助于抑制控股股东的关联交易；②在公司治理较差、信息环境较差或者融资约束程度较高的公司中，董事海外经历对公司投资效率的积极影响预计会更强；③当海外经历来自公司监管实践更强的国家时，这一影响也预计更强。

5.5.1　董事海外经历对控股股东关联交易的影响

本小节检验假设 5-2，即董事海外经历有助于抑制控股股东关联交易。根据本章 5.2.2 节的阐述，控股股东通过关联交易进行利益侵占可能引发公司的过度投资（Johnson et al.，2000）。5.4 节的实证结果表明，董事海外经历有助于抑制公司的过度投资。根据本章对于基本假设的论述，有海外经历的董事有可能更好地发挥其监督职能，减缓代理问题，因此有海外经历的董事抑制公司过度投资的可能的渠道之一是通过抑制控股股东的关联交易。为检验这一猜想，我们在每一年 Overseas 的中位数处将样本分为两组，再采用式（5-5）分别检验两组子样本中控股股东对公司关联交易的影响有何不同。

$$Related\ Transaction_{i,t}=\beta_0+\beta_1 Excess_{i,t-1}+\lambda Controls_{i,t-1}+\alpha_t+\alpha_i+\varepsilon_{i,t} \qquad (5-5)$$

其中，Related Transation 表示公司的关联交易，借鉴 Cheung 等（2006）的研

究，公司的关联交易用公司当年的关联交易金额除以年末总资产进行衡量。*Excess* 表示控股股东的利益侵占动机，参照 Jiang 等（2010）的研究，控股股东的利益侵占动机用其超额控制权（Excess Control Right）来衡量，具体等于控股股东对于公司的控制权（Control Rights）减去现金流权（Cash Flow Rights）。控股股东的超额控制权越高越有可能对公司进行"掏空"活动。*Controls* 表示控制变量，与本章基准模型 [式（5-1）] 中的控制变量相同，所有解释变量和控制变量均滞后一期，并加入了年份（α_t）和公司（α_i）固定效应。

分组回归的结果展示在表 5-5 的第（1）和第（2）列，分别表示公司"海归"董事所占比例较低的子样本（*Overseas = Low*）和"海归"董事所占比例较高的子样本（*Overseas = High*）对式（5-5）的回归结果。可以看出，*Excess* 的回归系数在第（1）列中为正数，并且在 1% 的水平上显著，在第（2）列中不显著，这意味着在"海归"董事占比较低的公司中，控股股东的超额控制权与公司关联交易之间存在显著的正相关关系，而在"海归"董事占比较高的公司中，控股股东的超额控制权与公司关联交易之间没有显著关联。这一发现表明"海归"董事的存在有助于抑制控股股东的关联交易，支持了本章假设 5-2，并为监督机制提供了支持性证据。

为了进一步验证较强的内部治理机制是否可以抑制控股股东的关联交易，本小节接下来进一步考察在不同监督强度（Monitoring Intensity）下，控股股东的超额控制权对公司关联交易的影响。参照 Wang 等（2020）的研究，公司的监督强度采用公司第二至第五大股东的持股比例——*Main Shares* 来衡量，这些股东既有动机又有能力监督控股股东的行为。再在每一年 *Main Shares* 的中位数处将样本分成两组，*Main Shares* 较低的组（*Main Shares = Low*）监管强度较弱，*Main Shares* 较高的组（*Main Shares = High*）监管强度较强。回归结果展示在表 5-5 的第（3）和第（4）列。可以看出，*Excess* 的估计系数在第（3）列中显著为正，而在第（4）列中不显著，这表明在公司监管强度较弱的情况下，控股股东的超额控制权与公司关联交易之间存在显著的正相关关系，而在公司监管强度较强时，控股股东的超额控制权与公司关联交易之间则没有显著关联。这一发现表明较高的监督强度有助于抑制控股股东的关联交易，这一发现为"海归"董事有助于加强对公司的监督治理，从而抑制控股股东的关联交易提供了进一步证明。

表 5-5 机制检验：董事海外经历与公司关联交易

变量	(1) Overseas = Low	(2) Overseas = High	(3) Main Shares = Low	(4) Main Shares = High
Excess	0.171***	0.024	0.112**	0.016
	(2.58)	(0.28)	(2.08)	(0.22)
TQ	0.008**	0.007**	0.008***	0.010***
	(2.41)	(2.28)	(2.69)	(3.23)
Size	-0.059***	-0.034***	-0.048***	-0.033***
	(-6.40)	(-3.92)	(-6.05)	(-4.84)
Age	0.050***	0.007	0.042***	0.019***
	(5.54)	(0.68)	(4.39)	(2.84)
Leverage	0.089***	0.048	0.027	0.065**
	(2.75)	(1.41)	(1.00)	(2.49)
Cash	0.011	-0.000	0.012	0.004
	(1.04)	(-0.02)	(0.80)	(0.68)
Tangibility	0.032	-0.008	0.003	0.037
	(0.85)	(-0.22)	(0.08)	(1.21)
Dividend	-0.005	-0.011	-0.008	-0.003
	(-0.92)	(-1.59)	(-1.61)	(-0.54)
Loss	0.028***	0.013	0.021***	0.008
	(3.10)	(1.32)	(2.81)	(0.87)
SOE	0.011	0.059*	0.003	0.039
	(0.55)	(1.77)	(0.23)	(1.47)
Duality	-0.005	-0.009	-0.000	-0.006
	(-0.73)	(-1.50)	(-0.07)	(-1.04)
Ind Directors	0.007	0.021	-0.009	0.043
	(0.12)	(0.40)	(-0.18)	(0.91)
Largest	-0.032	-0.196***	-0.070	0.002
	(-0.64)	(-3.33)	(-1.42)	(0.04)
Institution	-0.002	0.001	-0.003	-0.005
	(-0.14)	(0.08)	(-0.19)	(-0.46)
Foreign	-0.025	0.006	-0.070	0.015
	(-0.26)	(0.12)	(-0.44)	(0.33)
Analyst	0.007***	0.000	0.004	0.002
	(2.71)	(0.07)	(1.58)	(0.67)
Constant	1.174***	0.752***	1.020***	0.649***
	(5.73)	(3.94)	(5.65)	(3.99)

续表

变量	（1）	（2）	（3）	（4）
	Overseas = Low	*Overseas = High*	*Main Shares = Low*	*Main Shares = High*
Observations	10849	8233	11736	10348
Adjusted R²	0.062	0.046	0.062	0.053
Year FE	Yes	Yes	Yes	Yes
Firm FE	Yes	Yes	Yes	Yes

注：＊＊＊、＊＊、＊分别表示在1%、5%、10%水平上显著。括号内数值为 T 统计值，标准误经过了公司层面的聚类调整。

5.5.2 公司治理质量的影响

本节检验公司治理质量对董事海外经历与公司投资效率之间的正相关关系的影响。由于各种治理机制之间存在互相替代的效应（Rediker and Seth，1995），所以我们猜想在公司治理质量较差的公司中，"海归"董事的监督治理作用更容易凸显出来，因而对于投资效率的促进作用预计会更强。为检验这一猜想，我们选择了两个变量来衡量公司治理质量。第一个变量为公司第二到第五大股东的持股比例（*Main Shares*），该比例越高，公司监管力度越强，公司治理质量越高（Wang et al.，2020）。然后每一年在 *Main Shares* 的中位数处将样本分为两组，*Main Shares* 较低的组（*Main Shares = Low*）监管强度较弱，*Main Shares* 较高的组（*Main Shares = High*）监管强度较强。

第二个衡量公司治理质量的变量是公司控股股东的两权分离度（*Separation*），如果公司的控股股东的控制权大于现金流权，则取值为 1，如果公司的控股股东的控制权等于现金流权，则取值为 0。已有的研究表明，公司的控股股东的两权分离度越高，代理问题越严重，如果控股股东的控制权等于现金流权（*Separation = 0*），则公司的代理问题越弱（Claessens et al.，2002；Faccio and Lang，2002；Jiang et al.，2011）。

再分别对 *Main Shares = Low*、*Main Shares = High*、*Separation = 1*、*Separation = 0*，回归结果报告在表5-6中。可以看到，*Overseas×TQ* 的估计系数在公司第二到第五大股东的监管强度较低的子样本（*Main Shares = Low*）中显著为正（系数 = 0.012，*t* 值 = 2.38），而在公司第二到第五大股东的监管强度较高的子样本（*Main Shares = High*）中为正数但统计上不显著（系数 = 0.004，*t* 值 = 0.78）。同

样地，可以发现，*Overseas×TQ* 的估计系数在存在两权分离（*Separation* = 1）的子样本中显著为正（系数 = 0.013，*t* 值 = 2.19），但在不存在两权分离的子样本（*Separation* = 0）中为正数但统计上不显著（系数 = 0.005，*t* 值 = 1.01）。总的来说，表 5-6 的结果表明，在公司治理越差的情况下，董事海外经历与公司投资效率之间的正相关关系越强，反之越弱。这一发现支持了假设 5-3，并为董事海外经历的监督机制提供了证据。

表 5-6　机制检验：公司治理质量的影响

变量	(1)	(2)	(3)	(4)
	Main Shares = Low	*Main Shares* = High	*Separation* = 1	*Separation* = 0
Overseas×TQ	0.012**	0.004	0.013**	0.005
	(2.38)	(0.78)	(2.19)	(1.01)
Overseas	−0.032***	−0.011	−0.032**	−0.022*
	(−2.61)	(−0.85)	(−2.26)	(−1.74)
TQ	0.002	0.002*	0.001	0.005***
	(1.36)	(1.95)	(0.40)	(3.96)
Size	−0.004	−0.013***	−0.008**	−0.009***
	(−1.33)	(−4.04)	(−2.44)	(−2.73)
Age	−0.014***	−0.013***	−0.017***	−0.016***
	(−3.73)	(−3.84)	(−4.10)	(−4.86)
Leverage	−0.073***	−0.068***	−0.079***	−0.055***
	(−7.05)	(−5.80)	(−6.47)	(−5.07)
Cash	0.012**	−0.002	0.004	0.000
	(2.18)	(−0.39)	(0.73)	(0.01)
Tangibility	0.031*	0.023	0.021	0.038**
	(1.71)	(1.52)	(1.27)	(2.01)
Dividend	0.005***	0.005**	0.006***	0.004*
	(2.85)	(2.13)	(2.67)	(1.84)
Loss	−0.011***	−0.014***	−0.011***	−0.017***
	(−5.45)	(−4.49)	(−3.78)	(−6.57)
SOE	−0.010	−0.016**	−0.008	−0.037*
	(−1.28)	(−2.02)	(−0.74)	(−1.82)
Duality	0.004*	0.004	−0.000	0.002
	(1.72)	(1.37)	(−0.12)	(0.79)

续表

变量	(1)	(2)	(3)	(4)
	Main Shares = Low	Main Shares = High	Separation = 1	Separation = 0
Ind Directors	-0.044**	0.002	-0.039	-0.026
	(-2.54)	(0.08)	(-1.60)	(-1.29)
Largest	0.035**	0.060***	0.037**	0.057***
	(2.56)	(3.26)	(2.42)	(3.72)
Institution	0.008	-0.007	0.001	0.004
	(1.52)	(-1.41)	(0.24)	(0.79)
Foreign	0.067	0.024	0.070***	0.009
	(1.19)	(1.16)	(2.95)	(0.22)
Analyst	0.007***	0.006***	0.006***	0.007***
	(6.96)	(5.39)	(4.92)	(6.38)
Constant	0.169***	0.368***	0.296***	0.262***
	(2.68)	(4.81)	(3.67)	(3.73)
Observations	11893	10600	9111	10928
Adjusted R^2	0.108	0.137	0.122	0.131
Year FE	Yes	Yes	Yes	Yes
Firm FE	Yes	Yes	Yes	Yes

注：***、**、*分别表示在1%、5%、10%水平上显著。括号内数值为 T 统计值，标准误经过了公司层面的聚类调整。

5.5.3 公司信息环境的影响

本节检验公司的信息环境对于董事海外经历与公司投资效率之间的正相关关系的影响。借鉴 Jiang 等（2018）的研究，本节采用两个指标度量公司的信息环境。第一个指标是公司的股票波动率（Risk），用公司过去 12 个月的股票日收益率的标准差来衡量（Kang et al., 2018），波动率越高，表示公司的信息环境越不透明。第二个指标是公司的产品市场（Product Lines）多样性（Diversification），用公司的产品市场种类的赫芬达尔指数（Herfindahl Index）——HHI 来衡量，具体计算方式为公司所有产品类别的市场份额的平方和。HHI 的值越高表明公司的产品市场越单一，则信息越透明；反之，HHI 的值越低表示公司的产品市场越复杂，则信息不对称程度越高（Best et al., 2004）。

然后每一年在 Risk 的中位数处将样本分为两组，Risk 越高的子样本（Risk =

High）其信息不对称程度越高，*Risk* 越低的子样本（*Risk*＝*Low*）其信息不对称程度越低。同样地，每一年在 *HHI* 的中位数处将样本分为两组，*HHI* 越低的子样本（*HHI*＝*Low*）其信息不对称程度越高，*HHI* 越高的子样本（*Risk*＝*High*）其信息不对称程度越低。再分别对这四组子样本估计式（5-1），回归结果报告在表5-7中。从中可以看出，*Overseas*×*TQ* 的估计系数在 *Risk*＝*High* 以及 *HHI*＝*Low* 的子样本中显著为正，如第（1）和第（3）列所示，而在另外两组子样本中为正数但统计上不显著，如第（2）和第（4）列所示。表5-7的结果表明，在公司信息环境越差的情况下，董事海外经历与公司投资效率之间的正相关关系越强，反之越弱，这一发现支持了假设5-3，并为董事海外经历的监督机制提供了证据。

表5-7   机制检验：公司信息环境的影响

变量	（1） *Risk*＝*High*	（2） *Risk*＝*Low*	（3） *HHI*＝*Low*	（4） *HHI*＝*High*
Overseas×*TQ*	0.009 * （1.83）	0.006 （1.04）	0.010 * （1.74）	0.009 （1.53）
Overseas	−0.013 （−0.86）	−0.009 （−0.65）	−0.018 （−1.33）	−0.022 （−1.56）
TQ	0.003 ** （2.20）	0.003 ** （2.20）	0.003 *** （2.73）	0.001 （1.12）
Size	−0.005 * （−1.77）	−0.001 （−0.51）	−0.006 ** （−2.01）	−0.008 ** （−2.35）
Age	−0.029 *** （−5.89）	−0.023 *** （−5.44）	−0.017 *** （−4.37）	−0.016 *** （−4.54）
Leverage	−0.053 *** （−4.60）	−0.072 *** （−7.11）	−0.067 *** （−6.00）	−0.076 *** （−6.19）
Cash	0.022 *** （3.45）	0.032 *** （4.14）	0.007 （1.48）	−0.002 （−0.41）
Tangibility	0.033 ** （2.45）	0.016 （0.84）	0.022 * （1.65）	0.033 * （1.69）
Dividend	0.004 * （1.80）	0.006 *** （3.13）	0.004 ** （2.18）	0.006 *** （2.76）
Loss	−0.013 *** （−5.13）	−0.007 *** （−2.79）	−0.012 *** （−5.16）	−0.013 *** （−4.54）

变量	(1)	(2)	(3)	(4)
	Risk = High	Risk = Low	HHI = Low	HHI = High
SOE	-0.024***	-0.005	-0.016**	-0.012
	(-2.83)	(-0.80)	(-2.49)	(-1.51)
Duality	0.007**	0.002	0.003	0.006**
	(2.46)	(0.97)	(1.27)	(2.22)
Ind Directors	-0.006	-0.038**	-0.035*	-0.026
	(-0.25)	(-2.28)	(-1.83)	(-0.99)
Largest Share	0.036**	0.029**	0.034**	0.026
	(2.30)	(2.23)	(2.50)	(1.50)
Institution	-0.002	0.000	0.001	-0.002
	(-0.39)	(0.01)	(0.21)	(-0.43)
Foreign	0.079**	0.006	0.048	0.041*
	(2.41)	(0.26)	(1.28)	(1.71)
Analyst	0.006***	0.005***	0.006***	0.007***
	(5.29)	(5.34)	(5.44)	(6.44)
Constant	0.197***	0.150**	0.227***	0.281***
	(3.15)	(2.29)	(3.44)	(3.31)
Observations	9481	11194	10362	10162
Adjusted R^2	0.119	0.124	0.121	0.136
Year FE	Yes	Yes	Yes	Yes
Firm FE	Yes	Yes	Yes	Yes

注：***、**、*分别表示在1%、5%、10%水平上显著。括号内数值为T统计值，标准误经过了公司层面的聚类调整。

5.5.4 公司融资约束程度的影响

本节检验公司的融资约束程度对于董事海外经历与公司投资效率之间的正相关关系的影响。我们采用 KZ 指数（Kaplan and Zingales，1997）和 SA 指数（Hadlock and Pierce，2010）来衡量公司的融资约束程度。我们按照 Lamont 等（2001）的方法估算 KZ 指数（KZ）。具体而言，KZ 指数由五个变量组成：Cash Flow/K、TQ、Leverage、Dividends/K、Cash/K，其中 Cash Flow 表示公司的经营性现金流量净额，K 表示公司年初的总资产，TQ 表示托宾 Q，Leverage 表示公司的负债比率，*Dividends* 表示年度现金红利发放总额，*Cash* 表示公司年末现金及现金等价物余额。我们首先根据每个变量将公司划分为离散的财务约束类别，其次使用 Ordered Logit 回归将其分类与会计变量联系起来，并使用回归系数构建 KZ 指数[1]，KZ 指数越高代表融资约束程度越高。

SA 指数（*SA*）也是一种合理的度量公司融资约束程度的指标，并被广泛使用（Hadlock 和 Pierce，2010）。SA 指数的构建是基于公司规模（*Size*）和上市年限（*List Year*）这两个特征，具体计算方法为（$-0.737 \times Size$）+（$0.043 \times Size^2$）$-$（$0.040 \times List\ Year$），其中，*Size* 表示公司总资产的自然对数[2]，*List Year* 表示公司的上市年限。SA 指数越高表示公司融资约束程度越高。

然后每一年在 KZ 指数的中位数处将样本分为两组，KZ 指数越高的组（*KZ = High*）其融资约束程度越高，反之，KZ 指数越低的组（*KZ = Low*）其融资约束程度越低。同样地，每一年在 SA 指数的中位数处将样本分为两组，SA 指数越高的组（*SA = High*）其融资约束程度越高，反之，SA 指数越低的组（*SA = Low*）其融资约束程度越低。再分别对这四组子样本估计模型（5-1），回归结果报告在表 5-8 中。可以看出，*Overseas×TQ* 的估计系数在 *KZ = High* 以及 *SA = High* 的子样本中显著为正，如第（1）和第（3）列所示，而在另外两组子样本中为正数但统计上不显著，如第（2）和第（4）列所示。表 5-8 的结果表明，在公司融资约束程度越高的情况下，董事海外经历与公司投资效率之间的正相关关系越强，反之越弱。这一发现支持了假设 5-3，并为董事海外经历的监督机制提供了证据。

表 5-8　机制检验：公司融资约束程度的影响

变量	（1）	（2）	（3）	（4）
	KZ = High	*KZ = Low*	*SA = High*	*SA = Low*
Overseas×TQ	0.013 **	0.008	0.010 **	0.009
	(2.47)	(1.34)	(2.02)	(1.35)
Overseas	-0.030 **	-0.020	-0.025 **	-0.027 *
	(-2.27)	(-1.26)	(-2.08)	(-1.92)

[1]　本小节中 KZ 指数的具体计算方法为 $KZ = -9.352 \times (Cash\ Flow/K) + (0.483 \times TQ) + 4.634 \times Leverage - 29.912 \times (Dividends/K) - 3.079 \times (Cash/K)$。

[2]　在计算 SA 指数时，公司总资产以 1 千万元为单位。

变量	（1）	（2）	（3）	（4）
	KZ = High	KZ = Low	SA = High	SA = Low
TQ	-0.002 （-1.43）	0.006*** （4.13）	0.002 （1.48）	0.004*** （2.77）
Size	-0.002 （-0.77）	-0.013*** （-2.79）	-0.023*** （-5.35）	-0.009*** （-3.42）
Age	-0.019*** （-4.68）	-0.014*** （-3.46）	-0.007* （-1.68）	-0.024*** （-3.98）
Leverage	-0.087*** （-8.11）	-0.078*** （-5.25）	-0.057*** （-4.05）	-0.064*** （-6.54）
Cash	0.037*** （5.74）	-0.004 （-0.94）	-0.004 （-1.09）	0.032*** （5.04）
Tangibility	0.020 （1.24）	0.020 （1.00）	0.003 （0.21）	0.036* （1.79）
Dividend	0.008*** （4.78）	-0.001 （-0.18）	0.010*** （4.11）	0.003* （1.71）
Loss	-0.011*** （-5.22）	-0.009* （-1.67）	-0.012*** （-4.20）	-0.012*** （-5.43）
SOE	-0.016** （-2.31）	-0.005 （-0.62）	-0.027* （-1.89）	-0.011* （-1.78）
Duality	0.003 （1.16）	0.003 （1.10）	0.004 （1.45）	0.004* （1.75）
Ind Directors	-0.025 （-1.22）	-0.027 （-1.14）	-0.013 （-0.48）	-0.021 （-1.31）
Largest Share	0.020 （1.54）	0.070*** （3.25）	0.056*** （2.79）	0.011 （0.95）
Institution	0.002 （0.47）	-0.004 （-0.71）	-0.006 （-1.24）	0.009* （1.75）
Foreign	0.090** （2.37）	0.026 （1.04）	0.050** （2.43）	0.033 （0.89）
Analyst	0.007*** （6.70）	0.005*** （3.84）	0.007*** （6.44）	0.005*** （5.48）
Constant	0.156*** （2.62）	0.372*** （3.18）	0.565*** （5.88）	0.318*** （4.84）
Observations	10015	9116	10567	11931

变量	（1）	（2）	（3）	（4）
	$KZ = High$	$KZ = Low$	$SA = High$	$SA = Low$
$Adjusted\ R^2$	0.147	0.115	0.164	0.132
$Year\ FE$	Yes	Yes	Yes	Yes
$Firm\ FE$	Yes	Yes	Yes	Yes

注：＊＊＊、＊＊、＊分别表示在1%、5%、10%水平上显著。括号内数值为 T 统计值，标准误经过了公司层面的聚类调整。

5.5.5 来自不同国家海外经历的影响

本节检验假设 5-4，即当海外经历是来自公司监管实践更强的国家时，董事海外经历对投资效率的影响更强。借鉴 Giannetti 等（2015）的研究，一个国家的公司在监管实践方面的质量用 Bloom 等（2012）的研究中对全世界 20 个国家的公司监管实践方面的评分进行衡量，这个评分包括在公司监管实践（Monitoring Management Practice）方面的单独评分以及公司管理实践的综合评分。在公司监管方面的评分反映的是一个国家的企业在引进现代管理技术以满足企业目标例如降低成本，提高质量和效率方面的程度（Bloom et al.，2012）。因此，借鉴 Giannetti 等（2015）的做法，我们将在公司监管实践方面得分排在前三的国家定义为"High Ranking"[①]，将其他国家简称为"Other"，并采用下列模型检验来自"High Ranking"和"Other"的海外经历对公司投资效率的影响有何不同：

$$Invest_{i,t} = \beta_0 + \beta_1 HR\ Overseas_{i,t-1} \times Investment\ Opportunities_{i,t-1} + \beta_2 Other\ Overseas_{i,t-1} \times$$
$$Investment\ Opportunities_{i,t-1} + \beta_3 HR\ Overseas_{i,t-1} + \beta_4 Other\ Overseas_{i,t-1} +$$
$$\beta_5 Investment\ Opportunities_{i,t-1} + \lambda Controls_{i,t-1} + \alpha_t + \alpha_i + \varepsilon_{i,t} \tag{5-6}$$

式（5-6）与本章基准模型——式（5-1）的模型设定一致，只是将式（5-1）中的解释变量 Overseas 替换为了两个新的解释变量，第一个是 HR Overseas，表示拥有"High Ranking"国家的海外经历的董事人数占董事会总人数的比例，第二个是 Other Overseas，表示拥有"Other"国家的海外经历的董事人数占董事会

---

① 根据 Bloom 等（2012），在公司监管实践（Monitoring Management）方面得分排名前三的国家分别是瑞典（3.63）、美国（3.57）、德国（3.57）。

总人数的比例。通过比较 β_1 和 β_2 的大小可以检验来自拥有先进的公司监管实践的国家的海外经历与来自其他国家的海外经历对公司投资效率的影响是否不同。

式（5-6）的回归结果展示在表5-9中，可以看出，*HR Overseas×TQ* 的估计系数为 0.016，在 1% 的水平上显著（t 值 = 2.69），而 *Other Overseas×TQ* 的估计系数为 0.010，在 5% 的水平上显著（t 值 = 2.02），前者无论是在统计意义上还是经济意义上均大于后者，这意味着来自拥有先进的公司监管实践的国家的海外经历要比来自其他国家的海外经历对公司投资效率的影响更强，这一发现支持了假设5-4，并进一步为董事海外经历的监督机制提供了证据。

表5-9　机制检验：来自不同国家海外经历的影响

变量	Invest
HR Overseas×TQ（β_1）	0.016*** (2.69)
Other Overseas×TQ（β_2）	0.010** (2.02)
$\beta_1 - \beta_2$	0.006 (p-value = 0.38)
HR Overseas	−0.039*** (−2.86)
Other Overseas	−0.019* (−1.86)
TQ	0.002** (2.27)
Size	−0.005** (−2.37)
Age	−0.018*** (−7.30)
Leverage	−0.070*** (−9.31)
Cash	0.002 (0.61)
Tangibility	0.026** (2.49)

变量	Invest
Dividend	0.006 ***
	(4.33)
Loss	−0.012 ***
	(−6.89)
SOE	−0.016 ***
	(−3.07)
Duality	0.004 **
	(2.21)
Ind Directors	−0.022
	(−1.52)
Largest Share	0.039 ***
	(3.90)
Institution	0.002
	(0.58)
Foreign	0.046 **
	(2.43)
Analyst	0.007 ***
	(9.51)
Constant	0.189 ***
	(4.29)
Observations	22485
Adjusted R^2	0.134
Year FE	Yes
Firm FE	Yes

注：***、**、* 分别表示在1%、5%、10%水平上显著。括号内数值为 T 统计值，标准误经过了公司层面的聚类调整。

5.6　稳健性检验

本节进一步对文章的主要回归结果进行稳健性检验，包括：①采用 Richardson 投资模型进行检验；②控制 CEO 海外经历的影响；③使用工具变量法缓解内生性问题的影响。

5.6.1 采用 Richardson 投资模型

作为稳健性检验的一部分，本节采用 Richardson（2006）的公司期望投资模型检验董事海外经历对投资效率的影响。首先估计出公司的预期投资水平；其次用模型的残差衡量公司的投资效率，残差大于 0 代表过度投资，残差小于 0 代表投资不足；最后分别检验董事海外经历对公司过度投资和投资不足的影响。具体模型已在 5.3.3 节中作了详细阐述，本节只作简要回顾：

$$Invest_{i,t} = \beta_0 + \beta_1 TQ_{i,t-1} + \beta_2 Size_{i,t-1} + \beta_3 Age_{i,t-1} + \beta_4 Leverage_{i,t-1} + \beta_5 Cash_{i,t-1} +$$
$$\beta_6 Return_{i,t-1} + \beta_7 Invest_{i,t-1} + \alpha_t + \alpha_j + \varepsilon_{i,t} \tag{5-7}$$

根据式（5-7）可以估计出公司的预期合理投资水平，以及实际投资水平与预期投资水平之间的差额（残差），用残差的绝对值（$Ineff_{i,t}$）来衡量公司 i 在 t 年的投资非效率（Inefficiency）的程度，$Ineff_{i,t}$ 越高代表公司投资非效率的程度越高。然后参照陈运森和谢德仁（2011）的做法，采用以下模型检验董事海外经历对投资效率的影响：

$$Ineff_{i,t}(or\ Over\ Invest_{i,t}\ Under\ Invest_{i,t}) = \beta_0 + \beta_1 Overseas_{i,t-1} + \lambda Controls_{i,t-1} + \alpha_t + \alpha_i + \varepsilon_{i,t}$$
$$\tag{5-8}$$

其中，因变量分别为 $Ineff_{i,t}$、$Over\ Invest_{i,t}$、$Under\ Invest_{i,t}$ 分别表示公司 i 在第 t 年的投资非效率程度、过度投资、投资不足。$Over\ Invest_{i,t}$（$Under\ Invest_{i,t}$）的数值越大，过度投资（投资不足）的程度越大，投资效率越低。式（5-8）中的控制变量以及其他模型设定均与本章基准模型［式（5-1）］保持一致。

用这种方法衡量公司投资效率的不足在于它忽略了公司存在适度投资的情况，如果模型回归的残差在 0 附近，可能是由于模型的偏误所导致（陈运森和谢德仁，2011）。因此，我们参照陈运森和谢德仁（2011）的做法，剔除了回归残差在 0 附近 5% 的样本之后再对式（5-8）进行估计，回归结果报告在表 5-10 中，其中第（1）~第（3）列的因变量分别为投资非效率程度（$Ineff$）、过度投资（$Over\ Invest$）、投资不足（$Under\ Invest$）。可以看出，第（1）列中 $Overseas$ 的估计系数显著为负，表明有海外经历的董事占比越高的公司，其投资非效率的程度越低，即投资效率越高。第（2）列中，$Overseas$ 的估计系数也为负并且在 1% 的水平上显著，表明董事海外经历与公司过度投资之间存在显著的负相关关系，有海外经历的董事占比越高的公司，其过度投资的程度显著更低。*Overseas* 的估计系数在第（3）列不显著，表明董事海外经历对公司投资不足没有显著影响。总体来说，表 5-10 的结果与本章的主要发现一致。本章所发现的董事海外经历与公司投资效率之间的显著正相关关系在三种衡量投资效率的模型检验下均成立。

表 5-10　稳健性检验：采用 Richardson（2006）投资模型

变量	（1） Ineff	（2） Over Invest	（3） Under Invest
Overseas	−0.005* （−1.69）	−0.022*** （−3.25）	0.003 （0.95）
TQ	0.002*** （5.82）	0.003*** （2.81）	0.002*** （7.10）
Size	−0.004*** （−3.56）	−0.011*** （−4.30）	0.002*** （2.76）
Age	−0.003** （−2.55）	−0.000 （−0.13）	−0.006*** （−5.32）
Leverage	−0.022*** （−5.33）	−0.045*** （−4.82）	−0.004 （−1.15）
Cash	0.006*** （3.34）	0.000 （0.04）	0.008*** （4.56）
Tangibility	0.004 （0.70）	0.026* （1.73）	−0.007 （−1.45）
Dividend	−0.000 （−0.54）	−0.000 （−0.18）	−0.002*** （−2.67）
Loss	−0.000 （−0.33）	−0.004 （−1.51）	0.003*** （3.29）
SOE	−0.011*** （−3.90）	−0.016** （−2.20）	−0.006** （−2.54）
Duality	0.001 （0.70）	0.003 （1.36）	0.001 （0.88）
Ind Directors	−0.001 （−0.07）	−0.005 （−0.30）	0.001 （0.16）
Largest Share	0.010* （1.93）	0.006 （0.52）	−0.000 （−0.06）

变量	（1）Ineff	（2）Over Invest	（3）Under Invest
Institution	0.001 （0.42）	0.001 （0.20）	0.003* （1.88）
Foreign	0.016 （1.54）	0.031 （1.29）	0.000 （0.04）
Analyst	0.001*** （2.80）	0.001 （1.15）	0.001** （2.20）
Constant	0.122*** （5.35）	0.274*** （4.69）	−0.015 （−0.71）
Observations	18977	7443	11534
Adjusted R-squared	0.068	0.078	0.103
Year FE	Yes	Yes	Yes
Firm FE	Yes	Yes	Yes

注：***、**、*分别表示在1%、5%、10%水平上显著。括号内数值为T统计值，标准误经过了公司层面的聚类调整。

5.6.2 控制CEO海外经历的影响

投资效率的提升是不是由于CEO的海外经历带来的？为了进一步证明投资效率的提升是由董事海外经历带来的，本节在式（5-1）的控制变量中进一步加入了Overseas CEO后再进行回归，Overseas CEO是一个虚拟变量，如果公司的CEO有海外经历，则取值为1，否则取0。在本章的研究样本中，Overseas CEO等于1的观测值总共有1818个。在式（5-1）中加入Overseas CEO作为控制变量之后重复表5-3中的所有回归，并将结果展示在表5-11中，其中，第（1）～第（3）列的因变量为Invest，第（4）列的因变量为Invest2。可以看出，回归结果与表5-3的结果基本一致。事实上，Overseas CEO的估计系数并不显著。表5-11的结果表明本章所发现的董事海外经历与公司投资效率之间的正相关关系和公司的CEO是否有海外经历没有关系，这一发现进一步加强了本章的结论。

表 5-11   董事海外经历与公司投资效率研究稳健性检验：控制 CEO 海外经历的影响

变量	（1）	（2）	（3）	（4）
	Invest	Invest	Invest	Invest2
Overseas Dummy×TQ	0.002**			
	（2.04）			
Overseas Number×TQ		0.001**		
		（2.47）		
Overseas×TQ			0.010**	0.006*
			（2.55）	（1.70）
Overseas Dummy	-0.006***			
	（-2.69）			
Overseas Number		-0.003***		
		（-2.95）		
Overseas			-0.029***	-0.021**
			（-3.09）	（-2.50）
TQ	0.002**	0.002***	0.002***	0.002**
	（2.55）	（2.73）	（2.69）	（2.04）
Overseas CEO	-0.001	-0.000	0.000	-0.001
	（-0.18）	（-0.04）	（0.01）	（-0.30）
Size	-0.005**	-0.005**	-0.005**	-0.003*
	（-2.37）	（-2.40）	（-2.39）	（-1.76）
Age	-0.017***	-0.018***	-0.017***	-0.015***
	（-7.27）	（-7.32）	（-7.33）	（-6.63）
Leverage	-0.070***	-0.070***	-0.070***	-0.063***
	（-9.29）	（-9.25）	（-9.29）	（-8.78）
Cash	0.002	0.002	0.002	0.005*
	（0.49）	（0.62）	（0.63）	（1.78）
Tangibility	0.027**	0.027**	0.027**	0.020*
	（2.54）	（2.49）	（2.50）	（1.95）
Dividend	0.006***	0.006***	0.006***	0.005***
	（4.29）	（4.29）	（4.30）	（3.79）
Loss	-0.012***	-0.012***	-0.012***	-0.011***
	（-6.88）	（-6.89）	（-6.87）	（-6.72）
SOE	-0.016***	-0.016***	-0.017***	-0.016***
	（-3.03）	（-3.04）	（-3.06）	（-3.15）

变量	（1）	（2）	（3）	（4）
	Invest	Invest	Invest	Invest2
Duality	0.004**	0.004**	0.004**	0.004**
	(2.20)	(2.18)	(2.17)	(2.31)
Ind Directors	−0.020	−0.020	−0.019	−0.014
	(−1.40)	(−1.40)	(−1.34)	(−1.04)
Largest Share	0.040***	0.039***	0.039***	0.040***
	(3.94)	(3.89)	(3.91)	(4.27)
Institution	0.002	0.002	0.002	0.004
	(0.53)	(0.50)	(0.52)	(1.19)
Foreign	0.045**	0.046**	0.046**	0.056***
	(2.33)	(2.41)	(2.40)	(3.10)
Analyst	0.007***	0.007***	0.007***	0.006***
	(9.55)	(9.51)	(9.52)	(8.44)
Constant	0.187***	0.189***	0.189***	0.148***
	(4.24)	(4.29)	(4.28)	(3.52)
Observations	22486	22486	22486	22486
Adjusted R^2	0.133	0.133	0.133	0.148
Year FE	Yes	Yes	Yes	Yes
Firm FE	Yes	Yes	Yes	Yes

注：***、**、*分别表示在1%、5%、10%水平上显著。括号内数值为 T 统计值，标准误经过了公司层面的聚类调整。

5.6.3 采用工具变量法缓解内生性问题的影响

本小节采用工具变量法来缓解内生性问题的影响。与本书 4.6.2 节一致，本章也借鉴 Ang 等（2014）的研究方法，使用 1920 年之前在中国境内各省建立的外籍教育机构数量作为工具变量（Historical）（以下简称历史大学）。这一变量既符合工具变量的相关性要求，也满足排他性原则。生活在历史大学数量较多的省份的居民，更容易受到西方教育理念和文化的影响，他们更有可能出国深造，或选择将子女送往海外学习。学成归来的这些海归人才回到家乡工作，从而增加了当地的海归人才供给。因此，这些省份的公司更有可能聘请具有海外背景的董事进入董事会任职。另外，这些大学均在 1920 年之前创办，距今已有一个世纪之久，因此与当代公司的投资决策之间不太可能存在直接关联。因此，我们认为公司所在省份的外籍教育机构数量（*Historical*）是一个合适的工具变量。

我们采用两阶段最小二乘法（Two-Stage Least Squares，2SLS）进行回归分析，结果展示在表 5-12 中，其中前两列展示了第一阶段的回归结果。由于我们关注的是董事海外经历与投资机会的交互作用（*Overseas×TQ*），第一阶段包括两个回归模型：第（1）列的因变量为有海外经历的董事占比（*Overseas*），解释变量为历史大学数量（*Historical*）；第（2）列的因变量为交互项（*Overseas×TQ*），解释变量为 *Historical×TQ*。控制变量和模型设定与本章的基准模型一致。第一阶段回归结果表明，第（1）列中历史大学数量（*Historical*）的估计系数显著为正，第（2）列中 *Historical×TQ* 的估计系数也显著为正，这表明我们所选的工具变量符合相关性原则。

表 5-12 中第（3）列是第二阶段的回归结果，因变量为公司投资（*Invest*），解释变量为通过第一阶段得到的 *Overseas×TQ* 的拟合值［*Overseas×TQ*（*Fitted*）］，控制变量及其他模型设定与本章的基准模型相同。可以看到，［*Overseas*（*Fitted*）］的估计系数显著为正，这表明董事海外经历与公司股利支付之间的正相关关系在缓解了潜在的内生性问题的影响之后依然成立。

表 5-12 董事海外经历与公司投资效率研究内生性分析：工具变量法

变量	(1)	(2)	(3)
	第一阶段		第二阶段
	Overseas	*Overseas×TQ*	*Invest*
Historical	0.013 ** (2.06)	-0.011 (-0.58)	
Historical×TQ	-0.001 (-1.26)	0.013 ** (2.03)	
Overseas×TQ（*Fitted*）			0.010 * (1.77)
Overseas（*Fitted*）			-0.108 ** (-2.14)
TQ	0.003 * (1.83)	0.115 *** (10.53)	0.003 *** (4.04)

变量	（1）第一阶段	（2）第一阶段	（3）第二阶段
	Overseas	*Overseas×TQ*	*Invest*
Size	0.012 ***	0.040 ***	−0.005 **
	（3.02）	（4.07）	（−2.36）
Age	−0.047 ***	−0.075 ***	−0.034 ***
	（−10.49）	（−7.44）	（−5.82）
Leverage	−0.002	0.054	−0.066 ***
	（−0.13）	（1.55）	（−7.58）
Cash	0.033 ***	0.062 ***	0.022 ***
	（5.92）	（4.60）	（4.62）
Tangibility	−0.008	0.040	0.026 **
	（−0.43）	（0.79）	（2.12）
Dividend	−0.005 **	−0.011 *	0.005 ***
	（−2.52）	（−1.88）	（3.33）
Loss	0.002	−0.001	−0.010 ***
	（0.86）	（−0.11）	（−5.84）
SOE	−0.008	−0.006	−0.014 ***
	（−0.85）	（−0.22）	（−2.65）
Duality	−0.006 *	−0.012	0.005 ***
	（−1.67）	（−1.20）	（2.67）
Ind Directors	0.151 ***	0.347 ***	−0.021
	（4.96）	（4.21）	（−1.42）
Largest Share	−0.025	−0.015	0.034 ***
	（−1.30）	（−0.35）	（3.00）
Institution	−0.007	−0.032 **	−0.004
	（−1.10）	（−2.01）	（−0.94）
Foreign	0.079 *	−0.027	0.045 *
	（1.89）	（−0.24）	（1.92）
Analyst	−0.001	−0.004	0.007 ***
	（−1.13）	（−1.26）	（8.27）
Constant	−0.148 *	−0.953 ***	0.261 ***
	（−1.71）	（−4.29）	（4.87）
Observations	23317	23317	18546
Adjusted R^2	0.069	0.229	0.133

变量	（1）	（2）	（3）
	第一阶段		第二阶段
	Overseas	*Overseas×TQ*	*Invest*
Year FE	Yes	Yes	Yes
Firm FE	Yes	Yes	Yes

注：***、**、*分别表示在1%、5%、10%水平上显著。括号内数值为 T 统计值，标准误经过了公司层面的聚类调整。

5.7 本章小结

本章运用 2008～2018 年来自 3291 家中国上市公司共 22498 个样本观测值，考察了董事海外经历对公司投资效率的影响。研究发现董事海外经历与公司投资效率之间存在显著的正相关关系，具体表现在有海外经历的董事占比越高的公司，其对于投资机会的敏感度显著更高。在分别检验董事海外经历对于过度投资和投资不足的影响后发现，董事海外经历有助于抑制公司的过度投资，而对于公司的投资不足没有显著影响。

对可能的影响机制进行探究后发现，有海外经历的董事占比越高的公司，其控股股东的关联交易显著更低，表明董事海外经历有助于减少控股股东的关联交易，从而抑制公司的过度投资。分组检验的结果表明，在公司治理质量更差、信息环境更不透明以及公司的融资约束程度更高的情况下，董事海外经历对公司投资效率的正向影响更强。此外，当海外经历来自公司监管实践更好的国家时，董事海外经历对投资效率的正向影响也越强。这些发现均为董事海外经历的监督机制提供了支撑。

本章的主要发现在经过一系列稳健性检验之后依然成立。总体来说，本章从董事会监督职能这一全新视角，为董事海外经历影响公司决策提供了新的实证证据。本章的发现进一步强调了有海外经历的董事在提升公司治理质量和提高投资效率方面发挥的重要作用，为完善公司治理，加强对中小投资者的保护提供了一个有益的视角。

6 董事海外经历与公司创新

本章探究董事海外经历对公司创新的影响。研究发现：①董事海外经历与公司创新（包括创新数量和创新质量）之间存在显著的正相关关系；②董事海外经历与公司研发投入之间存在显著的正相关关系，在控制了研发投入对创新产出的影响之后，董事海外经历与公司创新之间的正相关关系依然显著；③董事海外经历与公司创新之间的正相关关系只在创新产出高的行业显著，在创新产出低的行业不显著；④在美国获得的海外经历对公司创新的影响要强于在其他国家获得的海外经历的影响；⑤有海外经历的董事占比越高的公司，其 CEO 薪酬—绩效敏感度显著更低；⑥有海外经历的独立董事对公司创新的影响要强于有海外经历的非独立董事的影响；⑦董事海外经历与公司创新之间的正相关关系在经过一系列稳健性检验（包括内生性分析）之后依然成立。总体而言，本章发现董事海外经历在促进公司创新方面发挥着重要作用。

6.1 引言

企业创新对于提升企业的核心竞争力和企业价值起着至关重要的作用（Austin，1993；Pakes，1985），它也是一个国家生产力和长期经济增长的关键驱动力（Romer，1986）。党的十九大报告中明确提出了要加快建设创新型国家，并指出创新是引领发展的第一动力，是建设现代化经济体系的战略支撑。在当前市场竞争日益激烈。科技创新迅猛发展的背景下，探寻企业创新的影响因素对于推动企业乃至国家的经济发展无疑具有重要的现实意义。

已有文献广泛探究了公司创新的影响因素并取得了颇为丰硕的研究成果。最近的相关研究表明企业创新与董事会特征有关，比如董事会独立性（Balsmeier et al.，2017）、董事会的性别多元化（Griffin et al.，2021）以及董事会的整体多元化（An et al.，2021）等。但是鲜有文献从董事会主要职能的视角探究董事海外经历对公司创新的影响。本章则从这一全新视角，具体研究董事海外经历如何影响公司创新。

本章猜想有海外经历的董事有助于促进公司创新，原因至少有以下几个方面：第一，海外经历有助于董事更好地发挥咨询职能，从而促进公司创新。关于海外经历的研究表明，海外工作经历会影响个人价值观，并提供稀缺且有价值的资源（Carpenter et al.，2001；Slater and Dixon‐Fowler，2009；Suutari and Mäkelä，2007）。国际经历可以培养管理者的全球性思维，帮助他们制定和实施国际化战略（Gupta and Govindarajan，2002；Levy et al.，2007；Sambharya，1996）。同时，关于董事会多元化的研究指出，多元化的董事会可以形成多元化思维，有助于董事会更好地发挥咨询职能，从而促进公司创新（An et al.，2021）。综上所述，本章猜测海外经历有助于董事获得丰富的知识和开阔的视野，并提升董事会的多元化程度，促使董事会更好地发挥其咨询职能，进而促进公司创新（后文将这一影响机制简称为咨询机制）。

第二，有海外经历的董事有可能更加鼓励公司创新。在国外的学习或生活常常会面临各种困难或挑战，经历这些困难或挑战可以增强个人能力，使人变得更具有挑战精神，更容易迅速适应不断变化的外部环境，更愿意接受和面对各种挑战，因而更能容忍投资创新项目可能面临的失败风险。并且在发达国家的经历也能使人切身感受到技术进步和创新成果带来的好处，因此回国后更有可能鼓励创新。鉴于此，我们猜测具有海外经历的董事更加鼓励公司创新，所以会为CEO提供更多的保障，降低他们的职业生涯顾虑，从而激励创新（后文将这一影响机制简称为保障机制）。

第三，海外经历有助于董事更好地发挥其监督职能，从而促进企业创新。已有研究表明代理问题会降低高管对创新活动的投资（Hart，1983；O'Connor and Rafferty，2012），而良好的公司治理可以促进公司创新（Aghion et al.，2013；Atanassov，2013；Ayyagari et al.，2011；Ederer and Manso，2013；O'Connor and Rafferty，2012）。再结合董事海外经历有助于提升公司治理质量的观点（Giannetti et al.，2015；Iliev and Roth，2018），本章猜想海外经历有助于董事更好地发挥其监督职能，从而促进公司创新（后文将这一影响机制简称为监督机制）。

为检验以上猜想，本章基于 2008～2016 年中国上市公司的数据进行探讨。本章的数据之所以截止到 2016 年是因为 Dass 等（2017）建议利用专利数据时应当去掉最后 3～4 年的专利数据，以缓解专利数据的截断偏差的影响。后文会对专利数据的截断问题做详细阐述。本章对公司创新的衡量包含了创新数量和创新质量两个方面。实证结果表明，董事海外经历与公司创新之间存在显著的正相关关系。从经济意义上看，拥有海外经历的董事占比每增加 1%，公司在接下来一年的创新产出数量将会提升 40.5%，创新产出质量将会提升 39.5%。此外，本章还发现有海外经历的董事占比越高的公司，其创新投入（研发投入）显著更高，并且在控制了研发投入对创新产出的影响之后，董事海外经历与公司创新之间依然存在显著的正相关关系。

本章进一步检验了三种可能的影响机制，包括咨询机制（Advising Channel）、保障机制（Insurance Channel）和监督机制（Monitoring Channel）。实证结果表明：董事海外经历对公司创新的提升作用只在创新产出高的行业显著，在创新产出低的行业不显著；同时，在美国获得的海外经历对公司创新的提升作用要大于在其他国家获得的海外经历对公司创新的提升作用，这两项发现支持了咨询机制。本章还发现有海外经历的董事占比越高的公司，其 CEO 薪酬—绩效敏感度（CEO Compensation-performance Sensitivity）显著更低，这一发现支持了保障机制。此外，本章发现独立董事的海外经历对公司创新的提升作用要比非独立董事的海外经历的作用更强，这一发现支持了监督机制。最后，本章的主要发现在经过一系列稳健性检验之后依然成立，包括使用不同的变量度量公司创新，使用不同的变量度量董事海外经历，去掉专利数量为 0 的公司，控制 CEO 海外经历的影响，以及采用倾向评分匹配和工具变量法缓解内生性问题的影响。

总体来看，本章的研究具有以下几点贡献：

第一，本章的发现丰富了关于董事会特征影响企业创新的研究。现有研究关注了企业创新与董事会独立性（Balsmeier et al.，2017）、董事会性别多元化（Griffin et al.，2021）和董事会整体多元化（An et al.，2021）之间的关系，但鲜有文献从董事会基本职能的视角去探究董事海外经历对公司创新的影响。本章对这一领域进行了有益的补充，不仅探索了董事海外经历对公司创新的影响，还基于董事会的主要职能分析了潜在的影响机制。本章的发现丰富了关于董事海外经历的研究，为董事海外经历影响公司决策提供了新的实证证据。

第二，本章的研究克服了已有研究的局限，为董事海外经历影响公司创新提供了更加全面、更加稳健的检验。已有的关于董事或高管的海外经历影响公司创新的文献在以下两个重要方面存在局限：①已有研究主要是从知识溢出效应的视角进行探究，还鲜有文献从董事会主要职能的视角对这一话题进行具体探讨，并且较少有研究对影响机制进行深入分析；②已有研究对于专利数据的使用不够准确，可能导致结果的偏差，公司专利的申请并不一定最终获得授权，因此采用专利申请数量来度量创新数量不够精确，并且已有研究未考虑专利数据的截断问题。本章的研究则克服了已有研究的局限，对于公司创新的衡量既考虑了创新数量，也考虑了创新质量，从而为董事海外经历影响公司创新提供了一个更加全面的检验。更重要的是，本章基于董事会的主要职能分析了三种可能的影响机制，这有助于我们更加深入地理解"海归"董事在公司创新方面发挥的重要作用。此外，本章采用国际创新领域研究较为常用和公认的公司创新指标，即公司申请并最终获得授权的专利数量来度量公司创新的数量，并参照国际创新领域的经典研究对专利的截断问题进行处理，还采用不同的指标进行了一系列稳健性检验，有助于得出更加稳健的结论。

本章剩余部分安排如下：6.2 节介绍相关文献并提出研究假设；6.3 节阐述研究设计，包括样本选择、变量定义、模型设定和描述性统计分析；6.4 节介绍主要实证结果与分析；6.5 节探讨影响机制；6.6 节进行稳健性检验（包括内生性分析）；6.7 节为本章小结。

6.2　文献回顾与研究假设

6.2.1　文献回顾

国外探索企业创新驱动力的研究发现，企业创新与企业的组织形式（Bernstein，2015；Cao et al.，2020；Fang et al.，2017；Ferreira et al.，2012；Tan et al.，2020）、公司治理特征（Atanassov，2013）、风险资本特征（Kortum and Lerner，2000；Tian and Wang，2014）、法律制度（Acharya et al.，2013；Acharya and Subramanian，2009）、市场特征（Aghion et al.，2005；Fang et al.，

2014；Moshirian et al.，2021）、政治活动（Ellis et al.，2020；Huang and Yuan，2019；Ovtchinnikov et al.，2020）、机构持股（Aghion et al.，2013）以及分析师覆盖（He and Tian，2013）等因素有关。

国内关于公司创新的研究主要从宏观和微观两个层面展开。在宏观层面，庄毓敏等（2020）考察了金融发展对企业创新的影响。吴超鹏和金溪（2020）关注了社会资本对企业创新的影响，发现在社会资本越高的省份，上市公司的创新水平越高。王雯岚和许荣（2020）发现高校校友联结可以促进公司创新。在微观层面，温军和冯根福（2018）研究了风险投资对企业创新的影响。孟庆斌等（2019）和周冬华等（2019）关注了员工持股计划对企业创新的影响，并发现员工持股计划可以提升企业创新产出。赵奇锋和王永中（2019）关注了企业内部管理层与普通员工之间的薪酬差距对企业技术创新的影响。冼国明和明秀南（2018）发现海外并购可以促进公司创新。陈爱贞和张鹏飞（2019）分析了公司并购模式对创新的影响，发现跨境并购和境内并购均能促进公司创新，且跨境并购对公司创新的提升作用更大。

近年来，越来越多的文献表明，企业创新与董事或高管的特征相关，例如董事会独立性（Balsmeier，2017）、董事会性别多元化（Griffin et al.，2021）、董事会整体多元化（An et al.，2021）以及董事或高管的海外经历（Yuan and Wen，2018）。目前有关董事或高管海外经历影响公司创新的文献有：Yuan 和 Wen（2018）发现管理者的海外经历与专利申请数量之间存在正相关关系；宋建波和文雯（2016）发现董事海外背景能提升公司的专利申请数量；杨林等（2018）发现高管团队海外经历可以提升企业的专利产出数量。但已有研究在一些重要方面存在局限。首先，已有研究对公司创新的度量仅考虑了创新数量，而忽略了创新质量。创新质量是衡量企业创新绩效的一个重要方面，对新兴经济体尤为重要。因此，在探讨有关公司创新的议题时，有必要考虑公司的创新质量。其次，已有研究未探索董事或高管海外经历对公司创新的影响机制。最后，已有研究在使用专利数据时忽略了专利数据的截断问题，所以得出的结果可能存在偏差。

本章的研究克服了已有研究的局限，对于公司创新的衡量既考虑了创新数量，也考虑了创新质量。更重要的是，本章从董事会基本职能这一全新视角具体探究了董事海外经历影响公司创新的三种潜在的经济机制，这有助于我们更加深入地理解董事海外经历的影响。此外，本章还参照国际创新领域的经典研究对专利数据的截断问题进行了处理，有助于得出更加稳健的结论。

6.2.2 研究假设

根据烙印理论，个人在敏感时期的经历会对其认知和价值观等方面产生影响（Marquis and Tilcsik，2013），根据高层梯队理论，公司决策者的认知和价值观又会进一步影响公司的经营决策（Hambrick，2007；Hambrick and Mason，1984）。基于此，本书猜想董事海外经历会影响公司创新。再结合已有文献的研究发现，本书继续猜测具有海外经历的董事对公司创新有积极的影响，原因主要包含以下三个方面：

第一，海外经历有助于董事更好地发挥其咨询职能，从而促进企业创新，理由如下：①Giannetti 等（2015）的研究表明，董事海外经历会影响其职能发挥进而影响公司表现。海外学习或工作经历使得董事获得了更加广泛的知识和国际化的视野，这有助于他们打破常规思维（Think Outside the Box），进行创造性思考，因此有助于其更好地发挥咨询职能。②关于知识传递效应（Knowledge Spillover）的研究表明知识可以通过海外经历在全世界进行传播（Dai et al.，2018；Giannetti et al.，2015；Iliev and Roth，2018），例如董事可以将其在海外学到的知识运用到国内市场，进而影响国内公司的表现（Giannetti et al.，2015）。Luong 等（2017）发现，外国机构投资者持股可以促进知识从创新产出高的国家，如从美国流入到创新产出低的国家，从而促进其他国家的创新产出。因此，有海外经历的董事可以促进知识的传递，他们可以将在国外学到的知识运用到本国，从而更好地发挥其咨询职能并促进公司创新。③关于公司管理团队多元化的研究表明，多元化的团队会带来更广阔的视角和问题解决方案（Wiersema and Bantel，1992）。何瑛等（2019）指出，管理者多元化的职业经历会影响其知识结构和决策视野，并有助于企业形成开放、创新、竞争的文化氛围，从而有助于公司创新。An 等（2021）认为董事会的整体多元化有助于形成开放性思维，使其更好地发挥咨询职能，从而促进公司创新。综上所述，本章认为海外经历有助于董事获得更加广阔的视野和开放性的思维，并提升董事会的多元化程度，有利于其更好地发挥咨询职能，从而促进公司创新（本章将这一影响机制简称为咨询机制）。

第二，具有海外经历的董事更有可能鼓励创新，原因在于：①海外的生活环境与国内有很大差异，在海外的学习或生活常常会面临各种困难或挑战。经历这些困难或挑战不仅有助于提升个人能力，还可以使人变得更加勇于挑战，更能容忍投资创新项目可能面临的失败风险。②"海归"董事主要从美国、加拿大、英国等发达国家获得海外经历（Yuan and Wen，2018），在这些国家的经历能够让人切身体会到技术进步和创新成果带来的好处，因此回国后更有可能鼓励创新。③在海外的学习或工作经历可以让他们学到新的公司管理实践，从而有助于让他们懂得如何激励创新。鉴于此，本章猜想具有海外经历的董事会更加鼓励公司创新，具体表现为给 CEO 提供更多的保障，降低他们的职业生涯顾虑，从而激励他们更好地进行创新活动（本章将这一影响机制简称为保障机制）。

第三，海外经历有助于董事更好地发挥其监督职能，从而促进企业创新。相比于公司的其他投资活动，创新活动的风险更高并且更具有挑战性，创新活动具有长期性以及产出不确定的特征，一旦失败，管理者可能面临不确定的回报，甚至有被解雇的风险。因此，管理者在面对创新活动等风险项目时常常具有保守主义倾向（Conservatism Tendency）。道德风险（Moral Hazard）会使管理者减少对高风险的长期创新项目的投资（Hart，1983）。O'Connor 和 Rafferty（2012）提出，当代理问题严重时，高管会大大降低对创新活动（例如 R&D）等风险项目的投资。现有研究考察了公司治理机制对创新的影响，发现更好的公司治理与企业创新有正向关系（Aghion et al.，2013；Atanassov，2013；Ayyagari et al.，2011；Ederer and Manso，2013；O'Connor and Rafferty，2012）。再结合董事海外经历有助于提升公司治理质量的观点（Giannetti et al.，2015；Iliev and Roth，2018），本章猜测海外经历有助于董事更好地发挥其监督职能，从而促进公司创新（本章将这一影响机制简称为监督机制）。

综上所述，我们提出本章的假设如下：

假设6-1：董事海外经历有助于促进公司创新。

6.3 研究设计

本节介绍样本的选择和数据来源，变量的选取与定义，文章的主要回归模型，以及主要变量的描述性统计。

6.3.1 样本选取与数据来源

本章的样本包括 2008~2016 年中国所有非金融类 A 股上市公司。本章样本从 2008 年开始，因为 CSMAR（China Stock Market & Accounting Research）数据库中关于董事海外经历的相关数据起始时间是 2008 年。本章的样本截止到 2016 年，因为 Dass 等（2017）建议利用专利数据时应当去掉最后 3~4 年的专利数据，以缓解专利数据存在的截断偏差的影响，6.3.2 节中对专利数据的截断偏差问题作了详细说明。为了力求数据的准确性和可靠性，本章对研究样本作了以下剔除处理：①剔除金融类公司，因为这类公司存在行业特殊性；②剔除同时发行 B 股或 H 股的公司并剔除外资企业①，因为这类公司可能面临与其他国内公司不同的监管环境；③剔除样本期间内被标为 ST 或 *ST 的公司，因为这类公司通常面临财务困境；④剔除数据不全的公司。本章的最终样本包含了 18203 个观测值（Observations），涵盖了 2860 家上市公司。本章对所有连续变量按 1% 和 99% 分位进行了缩尾处理（Winsorize），以避免极端值对回归结果造成的干扰。

本章所有财务数据均来自 CSMAR 数据库。专利被引用数据、公司研发支出数据（Research and Development，R&D）和公司基本信息等相关数据从中国研究数据服务平台（China Research Data Service，CNRDS）下载。机构投资者持股比例的相关数据从 Wind 数据库下载。专利数据从中国国家知识产权局（Chinese State Intellectual Property Office，CSIPO）网站上手动下载。CSIPO 包含了所有三种专利的相关数据，包括发明专利、实用新型和外观设计。发明专利是最具创新性的，实用新型主要是针对现有技术的新应用，而外观设计则是对产品的形状、图案等方面做出的可以适用于工业应用的新设计，其涉及的技术进步有限。因此，本章的研究仅关注了发明专利和实用新型专利。以往大多数针对中国公司创新的研究都是基于发明专利和实用新型专利，未包括外观设计（Fang et al.，2017；Tan et al.，2020）。对于每项专利，CSIPO 提供的相关信息包括发明名称、申请号、申请日、公开（公告）日期、公开（公告）号、技术分类号（IPC

---

① CSMAR 将所有公司按照其股权性质分为四种类型：国有企业、民营企业、外资企业和其他，由于外资企业可能会聘任更多的有海外经历的董事，同时外资企业的创新政策可能与国内其他企业不同，为了避免这一因素对本章研究话题的影响，所以本章样本去掉了外资企业。

分类号)①、发明人、申请（专利权）人、申请人地址以及其他相关信息等。

6.3.2 变量定义

本小节对本章主要变量的选取与定义进行说明，包括因变量、解释变量以及控制变量。

6.3.2.1 因变量

参照 Fang 等（2014）和 Sunder 等（2017）的研究本章采用公司的专利活动来衡量公司创新产出，具体构建了两个指标来衡量公司创新成果。第一个指标反映公司创新的数量，采用公司（包括其子公司）在一年内申请并最终获得授权的专利数量加 1 后取自然对数进行衡量 [Ln（1+Pat）]。对于 CSIPO 数据库中没有专利申请数据的公司，其专利数量设置为 0。本章对于专利数量的衡量采用的是专利的申请年份而不是其授权年份，因为已有研究认为专利申请年份更接近创新的实际时间（Griliches et al.，1987）。第二个指标反映公司创新的质量，采用每项专利在申请之后截至目前所获得的累计被引用次数 [不包括自引用（Self-citation）] 加 1 后取自然对数来衡量 [Ln（1+$Cite$）]。这一指标可以反映公司专利产出所带来的经济影响力，专利质量对于技术发展相对缓慢的新兴经济体来说尤为重要（Moshirian et al.，2021）。对于在 CNRDS 中没有被引次数的专利，我们将其被引次数设置为 0。②

专利数据存在两种截断问题（Truncation Bias）。第一种是专利的申请年份与最终授权年份之间存在时间差，即公司在提交专利申请之后，需要等待相关部门审批，所以要过一段时间才能获得授权。根据 CSMAR 数据库中所提供的专利平均授权年限，对于发明专利而言，其申请年份与授权年份之差的平均年限为 2.6 年，对于实用新型专利而言，其申请年份与授权年份之差的平均年限为 0.6 年。我们从 CSIPO 下载数据的时间为 2020 年底，最近几年提交申请的专利，例如，2019 年提交申请或者 2018 年提交申请的专利有可能仍然在审核中，还未获得授权。因此，为了纠正这种截断偏差，本章参照前人的研究（Hirshleifer

---

① CSIPO 提供了专利的 IPC（International Patent Classification）分类号，即根据《国际专利分类表》对专利所属的技术类别进行分类。根据三位 IPC 分类号（例如 A01），本章样本共涵盖了 124 种专利类别。根据一位 IPC 分类号（例如 A），本章样本共涵盖了 8 种专利类别。

② 由于 CNRDS 中关于专利被引的相关数据仅包含了发明专利的被引信息，未包含实用新型专利的被引信息，因此本章对于专利质量的衡量仅包含发明专利，未包含实用新型专利。

et al. , 2012；Luong et al. , 2017；Sunder et al. , 2017），在本章的样本中仅包含截止到 2017 年末提交申请的专利数据，这样可以使本章的专利在申请后有至少三年的时间等待授权。由于本章的解释变量和控制变量采用的是滞后一期（一年）的变量，因此本章的样本期间截止到 2016 年末。

关于专利数据的第二种截断问题与专利被引用的数量有关。专利在其产生后可以在很长一段时间内持续被引用，但是我们只能观察到截至数据收集时点的专利被引次数[①]，我们无法得知专利在未来有可能被引用的次数。此外，越早获得授权的专利，其截至目前的累计被引次数有可能会比越晚获得授权的专利截至目前的累计被引次数要多，因为越早获得授权的专利可以有更多的时间积累被引用的数量。举例说明，如果一项专利在 2010 年获得授权，那我们站在 2020 年末这个时点，可以观测到这项专利截至 2020 年末累计被引用的次数，但如果这项专利在 2019 年刚被授权，那截至 2020 年末的累计被引用次数可能就很少了。为了纠正第二种截断偏差，本章参照 Hall 等（2001，2005）的建议，采用两种方法对专利累计被引次数进行调整。第一种方法是估计出专利在申请之后每年被引用次数的分布（Distribution），对专利累计被引次数进行调整。[②] 第二种方法是用调整前的专利累计被引次数除以同年该专利所属技术类别中所有专利的平均累计被引次数。[③] 本章采用按第一种方法调整后的专利被引次数加 1 后取自然对数作为度量专利质量的基准指标，并采用按照第二种方法调整后的专利被引次数加 1 后取自然对数作为稳健性检验的指标。

6.3.2.2　解释变量

本章的主要解释变量为董事海外经历。借鉴 Giannetti 等（2015）的研究，上市公司董事会成员如果曾在中国大陆地区以外的国家或地区学习或工作过，则被视作有海外经历，具体采用有海外经历的董事人数占董事会总人数的比例（*Overseas*）进行衡量。本章还采用了另外两种衡量董事海外经历的指标作为稳健性检验，包括 *Overseas Number* 和 *Overseas Dummy*，*Overseas Number* 指公司拥有海外经历的董事的总人数。*Overseas Dummy* 是一个虚拟变量，如果公司有至少 1 位董

[①]　论文写作时，CNRDS 提供的专利被引用信息包含了从专利申请一直截至 2018 年末的专利被引用信息。

[②]　具体调整方法详见 Hall 等（2001，2005）。

[③]　参照 Moshirian 等（2021）的研究，对专利累计被引次数的调整所用到的技术类别采用的是一位数 IPC 分类号。

事有海外经历，则取值为 1，否则为 0。

6.3.2.3 控制变量

根据公司创新的相关文献（Ellis et al., 2020；Fang et al., 2014；Luong et al., 2017），本章控制了一系列可能影响公司创新产出的公司特征变量，包括：①公司规模（Size），以公司年末总资产的自然对数来衡量；②公司年龄（Age），以公司上市年限加 1 后取自然对数来衡量；③资本性支出（Cap Exp），以公司的资本性支出除以总资产衡量；④长期负债（Long Debt），以长期负债除以总资产进行衡量；⑤盈利能力（ROA），用息税前利润除以总资产进行衡量；⑥现金持有（Cash），用公司年末现金及现金等价物除以总资产计量进行衡量；⑦成长机会（TQ），用托宾 Q 来衡量；⑧公司风险（Risk），用公司在过去 12 个月的股票日收益率的波动率来衡量；⑨固定资产（Fixed Asset），用公司的固定资产净额除以总资产进行衡量；⑩产品市场竞争（HHI，HHI^2），用基于年销售额的赫芬达尔指数（Herfindahl index）和赫芬达尔指数的平方进行衡量；⑪产权性质（SOE），如果该上市公司为国有企业，则取值为 1，否则为 0。

本章还加入了董事会特征变量作为控制变量，包括董事会规模（Board Size），以董事会总人数来衡量；独立董事占比（Ind Directors），即董事会中独立董事人数占董事会总人数的比例。本章还控制了机构投资者持股比例（Institution），因为 Aghion 等（2013）证明，机构投资者持股比例与公司创新产出之前有显著正相关关系。具体变量的定义见表 6-1。

表 6-1 董事海外经历与公司创新研究的主要变量定义和说明

变量名称	变量符号	变量描述
专利数量	Pat	公司在当年申请并最终获得授权的发明专利和实用新型专利的数量之和
专利累计被引次数	Cite	各项专利在申请之后截至 2018 年末累计被引用的次数（去除自引用次数）
专利数量的自然对数	Ln（1+Pat）	Ln（1+专利数量）
专利累计被引次数的自然对数	Ln（1+Cite）	Ln（1+专利累计被引次数）
董事海外经历	Overseas	有海外经历的董事人数/董事会总人数
董事海外经历	Overseas Number	有海外经历的董事人数
董事海外经历	Overseas Dummy	虚拟变量，如果公司有至少 1 位董事有海外经历，则取值为 1，否则为 0

变量名称	变量符号	变量描述
公司规模	*Size*	Ln（公司总资产）
上市年限	*Age*	Ln（1+公司上市年限）
资本性支出	*Cap Exp*	（经营租赁所支付的现金+购建固定资产、无形资产和其他长期资产所支付的现金-处置固定资产、无形资产和其他长期资产所收回的现金）/总资产
长期负债	*Long Debt*	长期负债/总资产
资产报酬率	*ROA*	息税前利润/总资产
现金持有量	*Cash*	年末现金及现金等价物余额/总资产
托宾 Q	*TQ*	（每股股价×流通股股数+每股净资产×非流通股股数+负债账面价值）/总资产
风险	*Risk*	过去 12 个月内的股票日收益率的标准差
固定资产	*Fixed Asset*	固定资产/总资产
赫芬达尔指数	*HHI*	该指标用于反映公司所在行业的竞争程度，用每个行业内根据各个公司的销售收入计算的赫芬达尔指数表示
赫芬达尔指数的平方	*HHI*^{2}	该指标用于反映公司所在行业的竞争程度，用每个行业内根据各个公司的销售收入计算的赫芬达尔指数的平方表示
产权性质	*SOE*	国有企业取值为 1，否则取 0
董事会规模	*Board Size*	董事会总人数
独立董事占比	*Ind Directors*	独立董事人数/董事会总人数
机构投资者持股比例	*Institution*	机构投资者持股数量/公司股本数量

6.3.3　模型设定

本章借鉴已有文献的做法（Fang et al. ，2014；Luong et al. ，2017；虞义华 et al. ，2018），采用式（6-1）来检验董事海外经历对公司创新的影响：

$$\mathrm{Ln}(1+Innovation_{i,t+1}) = \alpha + \beta Overseas_{i,t} + \lambda Controls_{i,t} + Year_t + Industry_j + Province_k + \varepsilon_{i,t}$$

$$(6-1)$$

其中，i 表示公司，t 表示年份，*Innovation* 表示公司的创新产出，包括每年申请并最终获得授权的专利数量（*Pat*），以及每项专利的累计被引次数（*Cite*），前者反映创新数量，后者反映创新质量。参照以往研究的做法（Fang et al. ，

2014），本章采用 Innovation（Pat 或 Cite）加上 1 后的自然对数作为因变量。本章的解释变量为公司董事会中有海外经历的董事人数占董事会总人数的比例（Overseas），Controls 表示控制变量，包括 6.3.2 节中提到的所有控制变量。考虑到公司创新过程通常具有长期性的特点，也为了减少内生性问题的干扰（如反向因果关系），本章的解释变量和所有的控制变量都滞后一期。同时，本章还参照 Fang 等（2014）的做法，将解释变量和控制变量滞后两期、三期以进行稳健性检验。此外，模型中还加入了年份固定效应、行业固定效应以及省份固定效应，[①] 以控制年份、行业和省份层面潜在因素的影响。行业划分方法是依据证监会发布的上市公司行业分类指引，制造业按照二级行业划分，其余行业按照一级行业划分。省份是按照上市公司注册地所在省份进行划分。最后，遵循 Petersen（2009）的建议，本章对所有回归进行了公司层面的聚类标准误处理。

6.3.4 描述性统计分析

本章主要变量的描述性统计如表 6-2 所示，包括样本观测值数量（Obs）、均值（Mean）、标准差（Std）、最小值（Min）、中位数（Median）、最大值（Max）。可以看到，样本公司专利总数的自然对数［Ln（1+Pat）］的均值为 2.050，样本公司专利累计被引次数的自然对数［Ln（1+Cite）］的均值为 1.420。Ln（1+Pat）和 Ln（1+Cite）的标准差分别是 1.610 和 1.710，这表明不同公司在公司创新方面差距较大。有海外经历的董事占董事会总人数的比例（Overseas）的均值约为 9%，这意味着平均来看，一个拥有 10 位董事的公司中大约有 1 位董事有海外经历。

表 6-2　董事海外经历与公司创新研究的主要变量描述性统计

变量	Obs	Mean	Std	Min	Median	Max
Ln（1+Pat）	18203	2.050	1.610	0	2.080	5.140
Ln（1+Cite）	18203	1.420	1.710	0	0	4.960
Overseas	18203	0.092	0.117	0	0.067	0.556
Size	18203	22.000	1.290	19.000	21.800	26.600

---

① 本章的模型之所以加入省份固定效应，是为了控制住一些省份层面的因素对董事海外经历与公司创新二者关系的影响。例如，位于经济越发达的省份的上市公司可能会有更多的创新产出，同时，经济发达的省份也越有可能吸引有海外经历的董事。因此，本章控制了省份固定效应。

变量	Obs	Mean	Std	Min	Median	Max
Age	18203	1.990	0.899	0	2.200	3.260
Capex	18203	0.055	0.052	0.000	0.040	0.256
Leverage	18203	0.070	0.101	0	0.019	0.451
ROA	18203	0.048	0.063	−0.413	0.045	0.246
Cash	18203	0.182	0.148	0.004	0.136	0.679
TQ	18203	2.130	1.360	0.896	1.680	8.760
Risk	18203	0.032	0.010	0.012	0.030	0.061
Fixed Asset	18203	0.096	0.093	0.014	0.063	0.442
HHI	18203	0.018	0.039	0.000	0.004	0.196
HHI2	18203	0.444	0.497	0	0	1
SOE	18203	9.440	2.620	3	9	26
Board Size	18203	0.410	0.079	0.143	0.385	0.625
Ind Directors	18203	0.370	0.234	0	0.369	0.822
Institution	18203	2.050	1.610	0	2.080	5.140

6.4 实证结果与分析

6.4.1 董事海外经历与公司创新产出

表 6-3 报告了式（6-1）的回归结果，A 栏的因变量为公司创新数量 Ln（1+*Pat*），B 栏的因变量为公司创新质量 Ln（1+*Cite*）。在表 6-1 的第（1）列中未添加控制变量，在第（2）~第（4）列中添加了所有控制变量。第（2）~第（4）列分别考察了董事海外经历对公司接下来一年、两年和三年的创新产出的影响。由表 6-3 的回归结果可知，A 栏和 B 栏的所有回归中 *Overseas* 的估计系数均显著为正，这表明，有海外经历的董事占比越高的公司，其在接下来一年、两年、三年的创新产出在数量和质量上均显著更高。表 6-3 的 A 栏和 B 栏中 *Overseas* 的估计系数在经济上也很显著，如表 6-3 中 A 栏的第（2）列和 B 栏的第

（2）列中 *Overseas* 的系数估计值分别为 0. 405 和 0. 395，这意味着公司董事会中有海外经历的董事占比每增加1%，公司在接下来一年的专利数量将增加43.8%，专利累计被引次数将增加 39. 5%。总体来看，表6-3 的实证结果表明董事海外经历与公司创新之间存在显著的正相关关系，这一发现支持了本章的研究假设6-1。

表6-3 中控制变量的估计系数与以往相关研究的结果基本一致（Fang 等，2014）。创新产出与企业规模（*Size*）、资本支出（*Cap Exp*）、资产回报率（*ROA*）、赫芬达尔指数的平方（HHI^2）以及机构投资者持股比例（*Institution*）正相关，与年龄（*Age*）、长期负债（*Long Debt*）、现金持有量（*Cash*）、固定资产占比（*Fixed Asset*）以及赫芬达尔指数（*HHI*）负相关。

表6-3　董事海外经历与公司创新产出

变量	A栏：董事海外经历对公司创新数量的影响			
	(1)	(2)	(3)	(4)
	$Ln(1+Pat_{i,t+1})$	$Ln(1+Pat_{i,t+1})$	$Ln(1+Pat_{i,t+2})$	$Ln(1+Pat_{i,t+3})$
Overseas	0. 914***	0. 405**	0. 426**	0. 405**
	(5. 15)	(2. 55)	(2. 48)	(2. 13)
Size		0. 435***	0. 425***	0. 426***
		(19. 26)	(18. 13)	(17. 06)
Age		−0. 054**	−0. 065**	−0. 116***
		(−2. 01)	(−2. 21)	(−3. 59)
Cap Exp		1. 182***	0. 957***	0. 750**
		(4. 11)	(3. 13)	(2. 28)
Long Debt		−1. 291***	−1. 146***	−1. 004***
		(−5. 89)	(−4. 77)	(−3. 90)
ROA		0. 856***	1. 021***	0. 628*
		(3. 41)	(3. 39)	(1. 86)
Cash		−0. 256**	−0. 285**	−0. 274*
		(−2. 07)	(−2. 07)	(−1. 77)
TQ		0. 009	0. 018	0. 046**
		(0. 62)	(1. 09)	(2. 15)
Risk		−3. 946**	−2. 865	−3. 566
		(−1. 97)	(−1. 22)	(−1. 34)

	A栏：董事海外经历对公司创新数量的影响			
变量	（1）	（2）	（3）	（4）
	$\text{Ln}(1+Pat_{i,t+1})$	$\text{Ln}(1+Pat_{i,t+1})$	$\text{Ln}(1+Pat_{i,t+2})$	$\text{Ln}(1+Pat_{i,t+3})$
Fixed Asset		-0.483***	-0.452***	-0.450***
		(-3.35)	(-2.89)	(-2.66)
HHI		-2.677***	-2.393***	-2.288***
		(-3.93)	(-3.27)	(-2.88)
HHI2		4.612***	4.362***	4.249**
		(2.99)	(2.65)	(2.39)
SOE		0.023	0.019	0.028
		(0.47)	(0.37)	(0.49)
Board Size		0.005	0.008	0.009
		(0.87)	(1.14)	(1.15)
Ind Directors		0.253	0.327	0.353
		(1.39)	(1.64)	(1.60)
Institution		0.148*	0.196**	0.230**
		(1.83)	(2.27)	(2.47)
Constant	0.482***	-8.220***	-8.023***	-7.834***
	(3.27)	(-16.04)	(-15.01)	(-13.62)
Observations	19079	18203	15275	12796
Adjusted R^2	0.359	0.459	0.454	0.448
Year FE	Yes	Yes	Yes	Yes
Industry FE	Yes	Yes	Yes	Yes
Province FE	Yes	Yes	Yes	Yes

	B栏：董事海外经历对公司创新质量的影响			
变量	（1）	（2）	（3）	（4）
	$\text{Ln}(1+Cite_{i,t+1})$	$\text{Ln}(1+Cite_{i,t+1})$	$\text{Ln}(1+Cite_{i,t+2})$	$\text{Ln}(1+Cite_{i,t+3})$
Overseas	0.933***	0.395**	0.396**	0.340*
	(4.93)	(2.35)	(2.28)	(1.81)
Size		0.469***	0.459***	0.444***
		(20.17)	(18.85)	(17.39)
Age		-0.088***	-0.096***	-0.120***
		(-3.21)	(-3.19)	(-3.62)
Cap Exp		1.617***	1.395***	0.723**
		(5.16)	(4.17)	(2.09)

续表

B栏：董事海外经历对公司创新质量的影响			
变量	（1）	（2）	（3）	（4）
	$\text{Ln}(1+Cite_{i,t+1})$	$\text{Ln}(1+Cite_{i,t+1})$	$\text{Ln}(1+Cite_{i,t+2})$	$\text{Ln}(1+Cite_{i,t+3})$
Long Debt		-1.251***	-1.279***	-1.075***
		(-6.01)	(-5.71)	(-4.46)
ROA		0.515**	0.289	-0.091
		(1.96)	(0.92)	(-0.26)
Cash		-0.115	-0.136	0.003
		(-0.84)	(-0.91)	(0.02)
TQ		0.080***	0.092***	0.111***
		(5.16)	(5.49)	(5.27)
Risk		-1.642	-2.026	-4.071
		(-0.76)	(-0.80)	(-1.38)
Fixed Asset		-0.549***	-0.474***	-0.365**
		(-3.94)	(-3.17)	(-2.28)
HHI		-3.313***	-3.244***	-3.092***
		(-4.83)	(-4.37)	(-3.86)
HHI2		6.355***	6.266***	5.888***
		(4.22)	(3.84)	(3.34)
SOE		0.114**	0.105**	0.091*
		(2.33)	(2.00)	(1.66)
Board Size		0.013**	0.015**	0.019**
		(2.00)	(2.23)	(2.48)
Ind Directors		0.175	0.190	0.222
		(0.87)	(0.88)	(0.95)
Institution		0.245***	0.283***	0.305***
		(2.85)	(3.14)	(3.20)
Constant	0.604***	-9.119***	-8.882***	-8.395***
	(4.23)	(-17.08)	(-15.85)	(-14.20)
Observations	19079	18203	15275	12796
Adjusted R^2	0.241	0.337	0.335	0.336
Year FE	Yes	Yes	Yes	Yes
Industry FE	Yes	Yes	Yes	Yes
Province FE	Yes	Yes	Yes	Yes

注：***、**、*分别表示在1%、5%、10%水平上显著。括号内数值为T统计值，标准误经过了公司层面的聚类调整。

6.4.2   董事海外经历与公司创新投入

本小节探讨董事海外经历与公司创新投入之间的关系。参照 Sunder 等（2017）的研究，公司的创新投入采用公司的研发支出（Research & Development，R&D）除以该公司滞后一期的总资产进行衡量。本小节依然采用式（6-1）进行回归，只是将式（6-1）中的因变量 Ln（1+*Innovation*）替换成公司的创新投入（*R&D Expenditure*）。回归结果展示在表 6-4 的第（1）列中，可以看到，*Overseas* 的估计系数为 0.603 并且在 1%的水平上显著，这表明有海外经历的董事占比越高的公司，其研发支出也显著更高。

为了检验有海外经历的董事对公司创新产出的提升是不是通过提高公司的创新投入实现的，本小节在式（6-1）中加入公司研发支出（*R&D Expenditure*）作为控制变量并对式（6-1）进行估计。回归结果报告在表 6-4 的第（2）和第（3）列，第（2）列的因变量为 Ln（1+*Pat*），第（3）列的因变量为 Ln（1+*Cite*）。可以看出，表 6-4 的最后两列中，*R&D Expenditure* 的回归系数为正数并且在 1%的水平上显著，这表明，创新产出会随着创新投入的增加而显著增加。在控制了研发支出（*R&D Expenditure*）对创新产出的影响之后，*Overseas* 的估计系数仍然显著为正，如表 6-4 的第（2）和第（3）列所示，这表明，有海外经历的董事对公司创新产出的促进作用并不仅仅是通过增加公司在研发方面的投入，在控制了研发投入对公司创新产出的影响之后，董事海外经历仍然对公司创新产出有着显著积极的影响。

表 6-4   董事海外经历与公司研发投入

变量	（1）	（2）	（3）
	R&D Expenditure	Ln（1+$Pat_{i,t+1}$）	Ln（1+$Cite_{i,t+1}$）
Overseas	0.603 ***	0.329 **	0.330 **
	（2.63）	（2.15）	（1.99）
R&D Expenditure		0.141 ***	0.122 ***
		（16.35）	（12.34）
Size	−0.029	0.435 ***	0.469 ***
	（−0.93）	（19.94）	（20.49）
Age	−0.259 ***	−0.064 **	−0.096 ***
	（−7.08）	（−2.43）	（−3.58）

董事海外经历与公司决策：多维影响与机制分析

续表

变量	（1）	（2）	（3）
	R&D Expenditure	Ln （1+$Pat_{i,t+1}$）	Ln （1+$Cite_{i,t+1}$）
Cap Exp	2.098***	0.633**	1.142***
	(5.23)	(2.26)	(3.67)
Long Debt	-1.600***	-1.068***	-1.057***
	(-7.22)	(-5.04)	(-5.18)
ROA	2.936***	0.439*	0.154
	(7.98)	(1.78)	(0.60)
Cash	0.240	-0.203*	-0.068
	(1.18)	(-1.68)	(-0.51)
TQ	0.168***	-0.009	0.065***
	(5.78)	(-0.58)	(4.26)
Risk	3.382	-2.510	-0.399
	(1.11)	(-1.28)	(-0.19)
Fixed Asset	-0.206	-0.373***	-0.455***
	(-1.24)	(-2.69)	(-3.33)
HHI	-6.279***	-1.818***	-2.569***
	(-6.77)	(-2.75)	(-3.82)
HHI2	9.570***	3.215**	5.147***
	(4.80)	(2.15)	(3.49)
SOE	-0.008	0.055	0.143***
	(-0.11)	(1.18)	(3.01)
Board Size	-0.002	0.002	0.010
	(-0.22)	(0.38)	(1.63)
Ind Directors	0.174	0.234	0.158
	(0.72)	(1.32)	(0.80)
Institution	0.431***	0.077	0.183**
	(4.08)	(0.99)	(2.19)
Constant	0.969	-8.291***	-9.180***
	(1.33)	(-16.79)	(-17.49)
Observations	18203	18203	18203
Adjusted R^2	0.412	0.482	0.352
Year FE	Yes	Yes	Yes

变量	(1)	(2)	(3)
	R&D Expenditure	Ln（$1+Pat_{i,t+1}$）	Ln（$1+Cite_{i,t+1}$）
Industry FE	Yes	Yes	Yes
Province FE	Yes	Yes	Yes

注：***、**、*分别表示在1%、5%、10%水平上显著。括号内数值为T统计值，标准误经过了公司层面的聚类调整。

6.5 影响机制分析

到目前为止，我们已经证明，在控制了公司创新投入（研发支出）的影响之后，董事海外经历与公司创新之间仍然存在显著的正相关关系。因此，本节继续探索董事海外经历影响公司创新的可能的经济机制。6.2.2节的论述中共指出了三种可能的影响机制，包括咨询机制、保障机制和监督机制。咨询机制认为，海外经历拓宽了董事的视野，使他们能够跳出常规思维框架进行创造性思考，这有助于他们更好地发挥咨询职能，从而促进公司创新。保障机制认为，海外经历使得董事更具有挑战性并更加鼓励创新活动，有助于他们制定出更有利于激励创新的政策，因此有海外经历的董事更有可能为CEO提供更多保障，降低他们的职业生涯顾虑，以激励其更好地进行创新活动，从而促进公司创新。监督机制认为，海外经历有助于董事学到不同的公司治理实践，促使其更好地发挥监督职能，从而促进公司创新。本节重点对以上三种可能的影响机制进行实证检验。

6.5.1 咨询机制

本小节对咨询机制进行检验。借鉴An等（2021）的做法，对咨询机制的检验主要通过对比董事海外经历对公司创新的影响在高创新行业（Highly Innovative Industries）和低创新行业（Lowly Innovative Industries）有何不同。如果咨询机制的确存在的话，则可以预期的是高创新行业将从董事海外经历所发挥的更好的咨询职能中受益更多。换句话说，如果咨询机制存在的话，董事海外经历对公司创新的提升作用在高创新行业更容易凸显出来。这是因为，对于创新产出很低的行业而言，董事在公司创新方面的咨询功能可能十分有限。相比之下，对于创新产出很高的行业来说，董事在公司创新方面发挥的咨询功能则要重要很多。

为检验这一猜想，本小节借鉴 An 等（2021）的做法，首先根据每一年每个行业所有公司的平均专利数量从高到低将本章的样本等分为三组，平均专利数量最高的一组则命名为高创新行业组（High），平均专利数量最低的一组则命名为低创新行业组（Low）。其次再分别对高创业行业和低创新行业这两个子样本按照式（6-1）进行回归，对比董事海外经历对公司创新的影响在这两组有何区别。回归结果报告在表6-5中，其中第（1）和第（2）列的因变量为 Ln（1+Pat），第（3）和第（4）列的因变量为 Ln（1+Cite），第（1）和第（3）列是"高创新行业"子样本的回归结果，第（2）和第（4）列是"低创新行业"子样本的回归结果。为简洁起见，表6-5未报告控制变量的估计结果（下同）。

由表6-5可以看出，在"高创新行业"组（High），解释变量 Overseas 的估计系数显著为正（对于专利数量：系数=0.384，t 值=2.11；对于专利被引次数：系数=0.644，t 值=2.83），如第（1）和第（3）列所示。然而，在"低创新行业"组（Low），解释变量 Overseas 的估计系数并不显著，如第（2）和第（4）列所示。表6-5的结果表明，董事海外经历与公司创新之间的正向关联只在创新产出高的行业里显著，在创新产出低的行业并不显著，这一发现支持了咨询机制。

表 6-5　咨询机制："高创新行业"与"低创新行业"

变量	(1)	(2)	(3)	(4)
	Ln(1+$Pat_{i,t+1}$)		Ln(1+$Cite_{i,t+1}$)	
	High	Low	High	Low
Overseas	0.384**	0.140	0.644***	−0.235
	(2.11)	(0.53)	(2.83)	(−1.25)
Constant	−8.860***	−6.078***	−11.037***	−5.574***
	(−11.60)	(−7.63)	(−13.27)	(−7.58)
Observations	9519	5427	9519	5427
Adjusted R^2	0.375	0.232	0.317	0.149
Controls	Yes	Yes	Yes	Yes
Year FE	Yes	Yes	Yes	Yes

变量	(1)	(2)	(3)	(4)
	Ln(1+$Pat_{i,t+1}$)		Ln(1+$Cite_{i,t+1}$)	
	High	*Low*	*High*	*Low*
Industry FE	Yes	Yes	Yes	Yes
Province FE	Yes	Yes	Yes	Yes

注：***、**、* 分别表示在1%、5%、10%水平上显著。括号内数值为 T 统计值，标准误经过了公司层面的聚类调整。为简洁起见，未报告控制变量的回归结果。

为了更进一步检验咨询机制，本小节还检验了来自不同国家的海外经历其影响是否不同。如果咨询机制存在的话，那么在更具有创新性的国家获得的海外经历预计会比在其他国家获得的海外经历发挥更大的影响力。美国作为世界上最发达的经济体，在创新技术上一直保持在世界领先地位。如果咨询机制存在，那么我们猜想在美国获得海外经历的董事在公司创新方面发挥的作用要比在其他国家获得海外经历的董事所发挥的作用更大。对于这一猜想的检验方法参照 Luong 等（2017）在检验独立投资者（Independent Investor）和灰色投资者（Gray Investor）在公司创新方面发挥的不同影响时用到的方法，采用以下模型进行检验：

$$\text{Ln}(1+Innovation_{i,t+1}) = \alpha + \beta_1 US\ Overseas_{i,t} + \beta_2 Non-US\ Overseas_{i,t} + \lambda Controls_{i,t} + Year_t + Industry_j + Province_k + \varepsilon_{i,t} \tag{6-2}$$

式（6-2）与式（6-1）类似，只是将董事的海外经历区分为来自美国的海外经历和来自其他国家的海外经历，也就是将式（6-1）中的解释变量 *Overseas* 替换成了两个新的解释变量 *US Overseas* 和 *Non-US Overseas*。*US Overseas* 指董事会中有美国学习或者工作经历的董事人数占董事会总人数的比例，*Non-US Overseas* 指董事会中在除了美国以外的其他国家或地区获得海外经历的董事人数占董事会总人数的比例。式（6-2）中的控制变量与本章的基准模型式（6-1）的控制变量一致。式（6-2）中也加了年份固定效应、行业固定效应和省份固定效应。

式（6-2）的回归结果展示在表 6-6 中，第（1）列和第（2）列的因变量分别是 Ln（1+*Pat*）和 Ln（1+*Cite*）。第（1）列的结果显示，*US Overseas* 的估计系数（系数＝0.685，*t* 值＝3.22）不管是在经济意义上还是统计意义上都要大于 *Non-US Overseas* 的估计系数（系数＝0.381，*t* 值＝2.70）。同样地，第（2）列的结果显示，$US\ Overseas$ 的估计系数（系数 = 0.894，t 值 = 4.07）在经济意义和统计意义上均远远大于 $Non-US\ Overseas$ 的估计系数（系数 = 0.252，t 值 = 1.66）。表6-6的结果表明，海外经历来自美国的董事对公司创新的提升作用要大于海外经历来自其他国家的董事在公司创新方面的作用，这一发现进一步支持了咨询机制。

表6-6 咨询机制：美国经历与其他国家经历

变量	(1)	(2)
	$\text{Ln}(1+Pat_{i,t+1})$	$\text{Ln}(1+Cite_{i,t+1})$
$US\ Overseas\ (\beta_1)$	0.685 *** (3.22)	0.894 *** (4.07)
$Non-US\ Overseas\ (\beta_2)$	0.381 *** (2.70)	0.252 * (1.66)
$\beta_1-\beta_2$	0.304 (p-value = 0.24)	0.642 ** (p-value = 0.02)
$Constant$	-8.137 *** (-15.77)	-9.034 *** (-16.90)
$Observations$	18190	18190
$Adjusted\ R^2$	0.460	0.338
$Controls$	Yes	Yes
$Year\ FE$	Yes	Yes
$Industry\ FE$	Yes	Yes
$Province\ FE$	Yes	Yes

注：***、**、*分别表示在1%、5%、10%水平上显著。括号内数值为 T 统计值，标准误经过了公司层面的聚类调整。为简洁起见，未报告控制变量的回归结果。

6.5.2 保障机制

除了积极向管理层提供决策咨询之外，董事会还负责制定 CEO 薪酬。保障机制认为，有海外经历的董事更加鼓励创新，并且更加懂得如何激励创新，因此他们更有可能为 CEO 提供更多保障，降低他们的职业生涯顾虑，以激励其更好地进行创新活动。对于保障机制的检验借鉴 Luong 等（2017）的方法，具体检验董事海外经历对于 CEO 报酬—绩效敏感度的影响。

对激励性薪酬的研究认为，标准绩效—薪酬激励计划（Pay‐for‐performance）会促使代理人付出更多努力，从而提高生产率（Lazear，2000）。然而，Black 和 Scholes（1973）指出，如果管理者的报酬是基于公司短期绩效，那么管理者会更看重短期利益，这会降低管理者进行创新投入的意愿。相关心理学研究提供的证据也表明，绩效工资实际上会降低管理者在需要探索和创造力的任务中的表现（Ederer and Manso，2013），因为更高的绩效—工资敏感度可能会导致风险规避，会使管理者减少对高风险的长期创新项目的投资（Hart，1983），因而会阻碍公司创新。

Manso（2011）以及 Ederer 和 Manso（2013）认为，最优的激励创新的方案应当对早期失败具有相当大的容忍度，并对长期成功具有回报，以降低管理者对风险因素的顾虑，现有的很多文献都支持了这一观点（Coles et al.，2006；Core and Guay，1999；Lu and Wang，2018）。已有研究表明，较低的 CEO 报酬—绩效敏感度可以为 CEO 提供更多的保障，降低其职业生涯顾虑，从而有助于促进公司创新（Baranchuk et al.，2014；Chemmanur et al.，2014；Faleye et al.，2014；Tian and Wang，2014）。鉴于此，本章对于保障机制的检验主要通过检验有海外经历的董事占比越高的公司，其 CEO 报酬—绩效敏感度是否更低。具体借鉴 Luong 等（2017）的方法，采用式（6-3）进行估计：

$$\Delta CEO\ Compensation_{i,t} = \alpha + \beta_1 \Delta Wealth_{i,t-1} + \beta_2 \Delta Wealth_{i,t-1} \times Overseas_{i,t-1} + \beta_3 Overseas_{i,t-1} + \lambda Controls_{i,t-1} + Year_t + Industry_j + Province_k + \varepsilon_{i,t} \tag{6-3}$$

其中，i 表示公司，t 表示年份，$\Delta Compensation$ 指 CEO 薪酬从 $t-1$ 年到 t 年的变动率，$\Delta Wealth$ 指公司的市场价值（Market value）从 $t-1$ 年到 t 年的变动率，$Controls$ 指控制变量，包括公司规模（$Size$）、成长性（TQ）、现金持有量（$Cash$）、资产负债率（$Leverage$）。为了与本章的基准模型［式（6-1）］保持一致，式（6-3）也加了年份固定效应、行业固定效应和省份固定效应。

式（6-3）的回归结果展示在表6-7中。可以看出，$\Delta Wealth$ 的系数为正且在 1%的水平上显著（系数=0.149，t 值=5.16），这表明 CEO 的薪酬变动与公司市场价值的变动之间存在高度正相关关系，即 CEO 薪酬随公司市场价值的增加而显著增加，这与以往对于 CEO 薪酬的相关研究结论一致。更重要的是，$\Delta Wealth$ 与 $Overseas$ 的交互项（$\Delta Wealth \times Overseas$）的估计系数显著为负（系数=−0.214，$t$ 值=−1.75），这表明董事海外经历与较低的 CEO 报酬—绩效敏感度相关。总体来看，表6-7的实证结果表明，董事海外经历有助于降低 CEO 报酬—绩效敏感度，从而为 CEO 提供了更多的职业保障，有利于激励 CEO 进行创新活动，这一发现支持了保障机制。

表 6-7　保障机制：董事海外经历与 CEO 报酬—绩效敏感度

变量	$\Delta CEO\ Compensation$
$\Delta Wealth$	0.149***
	(5.16)
$\Delta Wealth \times Overseas$	-0.214*
	(-1.75)
$Overseas$	0.207***
	(2.74)
$Size$	-0.015*
	(-1.87)
Age	0.080***
	(6.62)
TQ	0.002
	(0.17)
$Cash$	-0.027
	(-0.41)
$Leverage$	0.033
	(0.61)
$Constant$	0.476***
	(2.79)
$Observations$	14105
$Adjusted\ R^2$	0.014
$Year\ FE$	Yes
$Industry\ FE$	Yes
$Province\ FE$	Yes

注：***、**、*分别表示在1%、5%、10%水平上显著。括号内数值为 T 统计值，标准误经过了公司层面的聚类调整。

6.5.3　监督机制

监督机制认为，有海外经历的董事可以更好地发挥其监督职能，从而促进公司创新。已有研究指出，独立董事更加客观、独立，被认为可以发挥较好的监督作用（Fama，1980；Fama and Jensen，1983）。因此，如果本章所说的监督机制存在的话，有海外经历的独立董事在提升公司创新方面预计会比有海外经历的非独立董事发挥的作用更大。

对于这一猜想的检验方法与式（6-2）类似，依然参照 Luong 等（2017）的方法，采用以下模型进行检验：

$$\mathrm{Ln}(1+Innovation_{i,t+1}) = \alpha + \beta_1 Ind\ Overseas_{i,t} + \beta_2 Non-Ind\ Overseas_{i,t} + \lambda Controls_{i,t} +$$
$$Year_t + Industry_j + Province_k + \varepsilon_{i,t} \tag{6-4}$$

其中，$Ind\ Overseas$ 表示公司董事会中有海外经历的独立董事人数占董事会总人数的比例，$Non-Ind\ Overseas$ 指董事会中有海外经历的非独立董事人数占董事会总人数的比例。式（6-4）中的控制变量和其他模型设定均与本章的基准模型式（6-1）保持一致。

式（6-4）的回归结果展示在表6-8，其中第（1）列的因变量为 Ln（1+Pat），第（2）列的因变量为 Ln（1+$Cite$）。可以看出，$Ind\ Overseas$ 对专利数量和质量的影响均显著为正（系数 = 0.446，t 值 = 2.00；系数 = 0.513，t 值 = 2.22），但是 $Non-Ind\ Overseas$ 的估计系数在这两列中为正数但均不显著。表6-8 的实证结果表明，有海外经历的独立董事对公司创新的提升作用要比有海外经历的非独立董事对公司创新的提升作用更大。

表6-8 监督机制：独立董事的海外经历与非独立董事的海外经历

变量	(1) Ln(1+$Pat_{i,t+1}$)	(2) Ln(1+$Cite_{i,t+1}$)
$Ind\ Overseas$	0.446 ** (2.00)	0.513 ** (2.22)
$Non-Ind\ Overseas$	0.371 (1.46)	0.324 (1.19)
$Constant$	-8.206 *** (-16.02)	-9.086 *** (-17.04)
$Observations$	18203	18203
$Adjusted\ R^2$	0.459	0.337
$Controls$	Yes	Yes
$Year\ FE$	Yes	Yes

续表

变量	(1)	(2)
	Ln(1+$Pat_{i,t+1}$)	Ln(1+$Cite_{i,t+1}$)
Industry FE	Yes	Yes
Province FE	Yes	Yes

注：***、**、*分别表示在1%、5%、10%水平上显著。括号内数值为 T 统计值，标准误经过了公司层面的聚类调整。为简洁起见，未报告控制变量的回归结果。

6.6 稳健性检验

本节对本章的主要回归结果进行了一系列稳健性检验，包括：①采用不同的指标衡量公司创新；②采用不同的指标衡量董事海外经历；③去掉创新数量为 0 的公司；④控制 CEO 海外经历的影响；⑤采用倾向得分匹配（PSM）缓解内生性问题的影响；⑥采用工具变量法（IV）缓解内生性问题的影响。

6.6.1 采用公司创新的替代变量

6.3.2 节讨论了专利数据的截断问题，已有文献对于专利数量的截断主要采用了三种方法进行调整，第一种方法是直接去掉样本中最后 3~4 年的专利数据。第二种方法是估计出专利申请与授权时间差的分布，再根据这一分布对专利数据进行调整（*Pat*2）。第三种方法是用调整前的专利数量除以同年该专利所属技术类别中所有专利数量的平均值（*Pat*3）。由于现有的大多数文献采用的第一种方法缓解截断问题的影响，所以本章采用了通过第一种方法调整的专利数量作为专利数量的基准衡量指标。为了进行稳健性检验，本节使用 Ln（1+*Pat*2）和 Ln（1+*Pat*3）作为因变量估计模型（6-1），回归结果展示在表 6-10 的第（1）和第（2）列。

专利质量的衡量指标（专利累计被引次数）也存在截断问题，同样地，根据 Hall 等（2001，2005）的研究，对专利累计被引次数的调整方法有两种：第一种是估计出专利在申请之后每年被引用次数的分布，再对专利累计被引次数进行调整；第二种是用调整前的专利累计被引次数除以同年该专利所属技术类别中所有专利的平均累计被引次数（*Cite2*）。本章采用了第一种方法调整后的专利被引次数作为专利质量的基准衡量指标。为了进行稳健性检验，本节使用 Ln（1+*Cite2*）作为因变量估计式（6-1），结果展示在表 6-9 的第（3）列，可以看出，不管采用哪种指标衡量公司创新，*Overseas* 的估计系数均显著为正，即董事海外经历与公司创新之间均存在显著的正相关关系。

表 6-9　稳健性检验：采用公司创新的替代变量

变量	（1） Ln(1+$Pat2_{i,t+1}$)	（2） Ln(1+$Pat3_{i,t+1}$)	（3） Ln(1+$Cite2_{i,t+1}$)
Overseas	0.410** (2.56)	0.243*** (2.78)	0.149** (2.21)
Constant	−8.327*** (−16.09)	−5.102*** (−17.02)	−3.674*** (−15.52)
Observations	18203	18203	18203
Adjusted R²	0.461	0.415	0.298
Controls	Yes	Yes	Yes
Year FE	Yes	Yes	Yes
Industry FE	Yes	Yes	Yes
Province FE	Yes	Yes	Yes

注：***、**、*分别表示在1%、5%、10%水平上显著。括号内数值为 T 统计值，标准误经过了公司层面的聚类调整。为简洁起见，未报告控制变量的回归结果。

6.6.2　采用董事海外经历的替代变量

本小节使用 *Overseas Number* 和 *Overseas Dummy* 作为 *Overseas* 的替代变量进行稳健性检验。*Overseas Number* 表示公司董事会中有海外经历的董事的总人数。*Overseas Dummy* 是一个虚拟变量，如果公司有至少 1 位董事有海外经历则取值为1，否则为 0。表 6-10 汇报了回归结果，第（1）和第（2）列的因变量为Ln（1+*Pat*），第（3）和第（4）列的因变量为 Ln（1+*Cite*）。可以看出，不管采用哪种方式衡量董事海外经历，董事海外经历与公司创新之间均存在显著的正相关关系。

表 6-10　稳健性检验：采用董事海外经历的替代变量

变量	(1)	(2)	(3)	(4)
	Ln(1+$Pat_{i,t+1}$)		Ln(1+$Cite_{i,t+1}$)	
Overseas Number	0.041 **		0.040 **	
	(2.38)		(2.24)	
Overseas Dummy		0.071 **		0.088 **
		(2.11)		(2.46)
Constant	−8.179 ***	−8.273 ***	−9.079 ***	−9.149 ***
	(−15.88)	(−16.21)	(−16.89)	(−17.26)
Observations	18203	18204	18203	18204
Adjusted R^2	0.459	0.459	0.336	0.336
Controls	Yes	Yes	Yes	Yes
Year FE	Yes	Yes	Yes	Yes
Industry FE	Yes	Yes	Yes	Yes
Province FE	Yes	Yes	Yes	Yes

注：***、**、*分别表示在1%、5%、10%水平上显著。括号内数值为T统计值，标准误经过了公司层面的聚类调整。为简洁起见，未报告控制变量的回归结果。

6.6.3　子样本分析

为了检验董事海外经济与公司创新之间的正相关关系是不是由创新数量为0的公司引起的，本小节去掉公司创新数量为0的公司后再对式（6-1）进行估计，回归结果展示在表6-11中。可以看到，在去掉创新数量为0的公司之后，董事海外经历与公司创新之间依然存在显著的正相关关系。

表 6-11　稳健性检验：去掉创新数量为0的公司

变量	(1)	(2)
	Ln(1+$Pat_{i,t+1}$)	Ln(1+$Cite_{i,t+1}$)
Overseas	0.331 **	0.415 **
	(2.28)	(2.19)
Constant	−6.816 ***	−8.926 ***
	(−13.40)	(−14.47)
Observations	13522	13522

变量	(1) Ln(1+$Pat_{i,t+1}$)	(2) Ln(1+$Cite_{i,t+1}$)
Adjusted R^2	0.343	0.319
Controls	Yes	Yes
Year FE	Yes	Yes
Industry FE	Yes	Yes
Province FE	Yes	Yes

注：***、**、*分别表示在1%、5%、10%水平上显著。括号内数值为T统计值，标准误经过了公司层面的聚类调整。为简洁起见，未报告控制变量的回归结果。

6.6.4　控制 CEO 海外经历的影响

为了检验本章所得到的主要结论是否与 CEO 的海外经历有关，本小节在式（6-1）中加入 Overseas CEO 作为控制变量后再进行回归。Overseas CEO 是一个虚拟变量，如果公司的 CEO 有海外经历则取值为 1，否则为 0。由表 6-12 的结果可以看出，CEO 海外经历对公司创新的影响并不显著，并且在控制了 CEO 海外经历的影响之后，本章的主要结论依然成立。

表 6-12　董事海外经历与公司创新研究稳健性检验：控制 CEO 海外经历的影响

变量	(1) Ln(1+$Pat_{i,t+1}$)	(2) Ln(1+$Cite_{i,t+1}$)
Overseas	0.412** (2.55)	0.441*** (2.58)
Overseas CEO	0.003 (0.03)	−0.051 (−0.60)
Constant	−8.201*** (−15.99)	−9.088*** (−17.00)
Observations	18151	18151
Adjusted R^2	0.460	0.336
Controls	Yes	Yes
Year FE	Yes	Yes
Industry FE	Yes	Yes

变量	(1)	(2)
	Ln($1+Pat_{i,t+1}$)	Ln($1+Cite_{i,t+1}$)
Province FE	Yes	Yes

注：***、**、*分别表示在1%、5%、10%水平上显著。括号内数值为T统计值，标准误经过了公司层面的聚类调整。为简洁起见，未报告控制变量的回归结果。

6.6.5　倾向得分匹配缓解内生性问题的影响

到目前为止，本章的研究结果表明董事海外经历与公司创新之间存在显著的正相关关系。但二者的关系可能受到内生性问题的影响，例如，可能会存在遗漏变量的影响，某些遗漏变量可能同时引起董事海外经历和公司创新。还有可能存在反向因果关系（Reverse Causality）的影响，即创新表现越好的公司越有可能吸引"海归"人才到公司董事会任职。我们在前文的所有实证中加了年份、行业和省份层面的固定效应可以部分缓解遗漏变量的影响，同时回归中对解释变量和控制变量进行的滞后处理也可以部分地缓解反向因果关系的影响。尽管如此，为了进一步缓解内生性问题的干扰，确保研究结果的稳健性和可靠性，我们继续采用倾向得分匹配和工具变量法来缓解内生性问题的影响。

本小节进行倾向得分匹配，将聘请了至少1位"海归"董事的公司（*Overseas*>0）与没有聘请"海归"董事的公司（*Overseas*=0）进行匹配，匹配的具体步骤与本书4.6.1节中阐述的步骤相同，因此本章对于PSM的具体步骤就不再做详细阐述，仅进行简要回顾：先使用Logit模型来估计哪些因素会影响公司拥有"海归"董事的可能性，再采用最近邻匹配法（Nearest Neighbor Matching），将*Overseas*大于0的公司（以下简称实验组公司）与*Overseas*等于0的公司（以下简称对照组公司）进行匹配，并要求匹配后的每对公司之间的倾向得分之差的绝对值不超过1%。为了检验匹配的效果，我们对匹配之后的实验组和对照组在主要公司特征变量方面的差异进行了检验，结果展示在表6-13的A栏中。可以看出，实验组和对照组的主要变量的均值之差非常小并且统计上均不显著，这表明经过倾向得分匹配之后，实验组和对照组在主要公司特征方面具有相似性。

最后对比实验组和对照组在公司创新数量和质量方面的差异，检验结果展示在表6-13的B栏，其中第（1）列的因变量为公司创新数量［Ln（$1+Pat$）］，第（2）列的因变量为公司创新质量［Ln（1＋Cite）］，解释变量为 *Treated Group*，如果公司属于实验组，则取值为 1，如果公司属于对照组，则取值为 0。控制变量以及其他设定与本章的基准模型式（6-1）相同。由表 6-13 的结果可以看出，*Treated Group* 在第（1）列的估计系数为 0.087 且在 5% 的水平上显著，这表明实验组的创新产出数量比对照组的创新产出数量显著高出 8.7%。同理，*Treated Group* 在第（2）列的估计系数为 0.082 且在 5% 的水平上显著，这表明实验组的创新产出质量比对照组的创新产出质量显著高出 8.2%。总体来说，表 6-13 的结果说明，在通过倾向得分匹配消除实验组公司和对照组公司在可以观测的公司特征方面的差异之后，有"海归"董事的公司在创新产出方面依然显著高于没有"海归"董事的公司。

表 6-13　内生性分析：倾向得分匹配

A 栏：实验组和对照组的主要变量差异

变量	*Treated Group*		*Control Group*		*Diff*	*t*-value
	Mean	*Std*	*Mean*	*Std*		
Foreign	0.001	0.003	0.001	0.003	−0.000	（−0.135）
Size	21.878	1.241	21.901	1.183	−0.023	（−1.114）
Young Firm	0.274	0.446	0.274	0.446	0.001	（0.076）
Leverage	0.433	0.214	0.432	0.214	0.001	（0.341）
Cash	2.097	1.283	2.098	1.345	−0.002	（−0.069）
TQ	0.048	0.062	0.048	0.062	−0.000	（−0.413）
ROA	0.183	0.147	0.183	0.148	0.000	（0.028）
SOE	0.426	0.495	0.429	0.495	−0.003	（−0.379）
Board Size	9.314	2.448	9.354	2.635	−0.041	（−0.935）
Ind Directors	0.412	0.079	0.412	0.080	−0.001	（−0.461）
N	6884		6884		13768	

B 栏：匹配后实验组与对照组在公司创新方面的差异

变量	（1）	（2）
	$Ln(1+Pat_{i,t+1})$	$Ln(1+Cite_{i,t+1})$
Treated Group	0.087**	0.082**
	（2.54）	（2.25）
Constant	−8.129***	−8.830***
	（−13.98）	（−14.56）

变量	B 栏：匹配后实验组与对照组在公司创新方面的差异	
	(1)	(2)
	Ln(1+$Pat_{i,t+1}$)	Ln(1+$Cite_{i,t+1}$)
Observations	13491	13491
Adjusted R^2	0.435	0.318
Controls	Yes	Yes
Year FE	Yes	Yes
Industry FE	Yes	Yes
Province FE	Yes	Yes

注：＊＊＊、＊＊、＊分别表示在 1%、5%、10% 水平上显著。括号内数值为 T 统计值，标准误经过了公司层面的聚类调整。为简洁起见，未报告控制变量的回归结果。

6.6.6　工具变量法缓解内生性问题的影响

本小节采用工具变量法来缓解内生性问题的影响。与本书第 4 章采用的方法相同，本章借鉴了 Ang 等（2014）的研究方法，选择 1920 年之前由外籍教育团体或学者在中国各省份建立的大学数量作为工具变量（*Historical*）（以下简称历史大学）。该工具变量符合相关性原则和排他性原则。生活在历史大学数量较多的省份的居民，更容易受到西方教育理念的影响，这些人及其子女更可能前往海外留学，并在学成后回国工作，从而增加了当地的海归人才供给。因此，在这些省份的上市公司中，董事会聘用具有海外经历的成员的概率较高。另外，这些大学均在 1920 年之前创办，距今已有一个世纪之久，因此与当前公司的创新决策之间不太可能存在直接关联。因此，我们认为，各省的外籍教育团体所创办的大学数量（*Historical*）是一个合适的工具变量。

我们使用两阶段最小二乘法（Two-Stage Least Squares，2SLS）进行回归分析，结果展示在表 6-14 中。第（1）列展示了第一阶段的回归结果，因变量为董事会中具有海外经历的成员占比（*Overseas*），解释变量为历史大学数量（*Historical*）。控制变量及其他模型设定与本章的基准模型式（6-1）一致。[①] 根据第

---

　　① 由于我们所选取的控制变量属于省份层面的变量，因此在第一阶段回归中未控制省份层面固定效应。

一阶段的回归结果，历史大学数量（*Historical*）的估计系数为正且在5%的水平上显著。这表明，公司董事的海外经历比例与所在省份的历史大学数量之间存在显著的正相关关系，支持了工具变量的相关性假设。

表6-14中第（2）和第（3）列是第二阶段的回归结果，因变量分别是公司创新数量［Ln（1+*Pat*）］和公司创新质量［Ln（1+*Cite*）］，解释变量为通过第一阶段得到的*Overseas*的拟合值［*Overseas*（*Fitted*）］，控制变量及其他模型设定与本章的基准模型相同。可以看到，*Overseas*（*Fitted*）的估计系数均为正数并且都在1%的水平上显著，这表明在使用工具变量缓解潜在的内生性问题的影响之后，董事海外经历与公司创新之间的正相关关系依然存在。

表6-14　内生性分析：工具变量法

变量	（1）第一阶段 *Overseas*	（2）第二阶段 Ln(1+*Pat*$_{i,t+1}$)	（3）第二阶段 Ln(1+*Cite*$_{i,t+1}$)
Historical	0.012 ** (2.28)		
Overseas（*Fitted*）		0.356 *** (3.83)	0.352 *** (4.20)
Constant	−0.364 *** (−6.47)	−6.797 *** (−4.00)	−7.018 *** (−4.52)
Observations	18203	18204	18204
Controls	Yes	Yes	Yes
Year FE	Yes	Yes	Yes
Industry FE	Yes	Yes	Yes
Province FE	No	Yes	Yes
Adjusted R^2	0.124	0.459	0.336

注：*** 、** 、* 分别表示在1%、5%、10%水平上显著；括号内数值为T统计值，标准误经过了公司层面的聚类调整；为简洁起见，未报告控制变量的回归结果。

6.7 本章小结

本章旨在探讨董事海外经历对公司创新的影响。利用 2008～2016 年来自 2651 家中国上市公司的 16812 个样本观测数据，本章发现董事海外经历与公司创新之间存在显著的正相关关系，有海外经历的董事占比越高的公司其专利数量和质量均显著更高。并且董事海外经历与公司创新投入之间也存在显著正向关联，在控制了创新投入对创新产出的影响之后，董事海外经历与公司创新之间依然存在显著的正相关关系，表明董事海外经历促进公司创新并不仅仅是通过增加公司的创新投入。

本章进一步分析了三种可能的影响机制，包括咨询机制、保障机制和监督机制。实证结果发现：董事海外经历对公司创新的积极影响在创新产出高的行业更加显著；同时，来自美国的海外经历对公司创新的影响要比来自其他国家的海外经历的影响更加显著，这两个发现支持了咨询机制。此外，有海外经历的董事占比越高的公司，其 CEO 薪酬—绩效敏感度显著更低，这一发现支持了保障机制。最后，有海外经历的独立董事对公司创新的正向影响要强于有海外经历的非独立董事的影响，这一发现支持了监督机制。

总体来说，本章从董事会主要职能这一视角具体探究了董事海外经历如何影响公司创新。本章不仅探讨了董事海外经历对公司创新数量的影响，还探讨了董事海外经历对公司创新质量的影响。此外，而本章对于影响机制的探索有助于我们更加深入地理解董事海外经历的影响。本章的发现为我国创新型战略的实施提供了经验证据，也为高层次人才的招聘和选拔提供了依据。人才是国家实施创新驱动战略的关键，有海外经历的董事有助于形成多元化的思维结构、广阔的管理视野和过人的胆识，企业可以根据自身条件，加强引进"海外"高端人才，政府部门可以创造良好的创新型人才培养环境，提高全社会综合创新水平。

7 研究结论、建议与展望

7.1 研究结论

本书以董事会的两项主要职能——监督职能和咨询职能作为切入点，结合我国目前的公司治理现状和发展特征，采用实证研究的方法深入探究董事海外经历如何影响其职能的发挥进而影响公司决策，具体探讨了董事海外经历如何影响其监督职能的发挥进而影响公司股利分配和投资效率，以及董事海外经历如何影响其咨询职能的发挥进而影响公司创新。

第4章探究董事海外经历对公司股利分配的影响。股利分配作为一项重要的公司决策，直接影响投资者的利益，因此第4章对这一话题作了深入探讨，并基于董事会的监督职能探讨了可能的影响机制。研究发现：①有海外经历的董事占比越高的公司，其股利分配意愿和股利分配水平均显著更高；②董事海外工作经历和学习经历均与公司股利分配之间存在显著的正向关联；③董事海外经历与公司股利分配之间的正向关联在样本期间所涉及的相关股利分红政策施行之前更强，在相关政策施行之后变弱；④其他公司治理机制的存在会弱化董事海外经历对股利分配的积极影响；⑤有海外经历的独立董事对股利分配的促进作用强于有海外经历的非独立董事对股利分配的促进作用；⑥董事海外经历与公司股利分配之间的正相关关系在经过一系列内生性分析及稳健性检验之后依然成立。这一章的发现强调了董事会作为内部治理机制的核心在公司股利分配方面所发挥的重要作用，为促进公司股利分配，增强对投资者的保护提供了一个全新的视角。

第5章探究董事海外经历对公司投资效率的影响。已有研究虽然从不同的角度表明良好的公司治理有助于提升公司投资效率（李万福等，2011；Jiang et al.，2018），但鲜有文献从董事会的监督职能这一视角探究董事海外经历对公司投资效率的影响。本书第5章则以董事会的监督职能作为切入点深入探讨了董事海外经历对公司投资效率的影响，并分析了可能的影响机制。研究发现：①董事海外经历与公司投资效率之间存在显著的正相关关系；②董事海外经历有助于抑制公司的过度投资，而对于投资不足没有显著影响；③有海外经历的董事占比越高的公司，其控股股东的关联交易显著更低；④在公司治理质量越差、信息环境越不透明、融资约束程度越高的情况下，董事海外经历对投资效率的正向影响越强；⑤当海外经历是来自公司监管实践更好的国家时，董事海外经历对投资效率的正向影响更强；⑥董事海外经历与公司投资效率之间的正相关关系在经过一系列稳健性检验（包括内生性分析）之后依然成立。这一章的发现进一步强调了董事会作为内部治理机制的核心在提升公司投资效率方面发挥着重要作用，为完善公司治理结构提供了一个重要而有益的视角。

第6章探究董事海外经历对公司创新的影响。已有的关于董事或高管海外经历影响公司创新的文献在一些重要方面存在局限，例如仅考虑了创新数量，忽略了创新质量及对影响机制的探索，并且对专利数据的使用不够准确。而本书第6章则克服了已有研究的局限，深入分析了董事海外经历对于公司创新数量和创新质量的影响，并基于董事会的基本职能探讨了可能的影响机制。研究发现：①董事海外经历与公司创新（包括创新数量和创新质量）之间存在显著的正相关关系；②二者之间的正相关关系只在创新产出高的行业显著，在创新产出低的行业不显著；③在美国获得的海外经历对公司创新的影响要强于在其他国家获得的海外经历的影响；④有海外经历的董事占比越高的公司，其 CEO 薪酬—绩效敏感度显著更低；⑤有海外经历的独立董事对公司创新的影响要强于有海外经历的非独立董事的影响；⑥董事海外经历与公司创新之间的正相关关系在经过一系列稳健性检验（包括内生性分析）之后依然成立。这一章的发现强调了董事海外经历在提升公司创新方面发挥的重要作用，为促进公司创新提供了借鉴。

总体来看，本书对于董事海外经历如何影响公司股利分配、投资效率和公司创新这三大重要的公司决策进行了较为全面、系统的讨论，并基于董事会的主要职能对可能的影响机制进行了深入探索。研究发现海外经历有助于董事更好地发挥其监督职能，从而促进公司股利分配和提升公司投资效率，同时，海外经历也有助于董事更好地发挥其咨询职能，从而促进公司创新。

本书丰富了关于董事海外经历的探索。已有研究仅关注了董事海外经历对公司表现、企业社会责任和债务融资成本等方面的影响，较少有文献从董事会主要职能的视角探究董事海外经历对公司决策的影响，更少有文献关注董事海外经历影响公司决策的机制，本书则对这一领域作了有益补充。本书的发现不仅为董事海外经历影响公司决策提供了新的实证证据，为其影响机制提供了一个新的视角，也强调了董事会作为公司的最高决策机构和内部治理机制的核心在公司决策方面所发挥的重要作用。本书的发现对于完善公司治理、加强对中小投资者的保护以及促进公司创新等方面具有重要的借鉴意义。此外，本书的研究也有助于理解我国引进"海归"人才的动机，为有关部门制定政策吸引和激励"海归"人才回国工作提供了企业微观层面的经验证据支持，为我国建立人才回流长效机制提供了参考借鉴。

7.2 政策建议

本书发现海外经历有助于董事更好地发挥其监督职能和咨询职能，从而有助于提高公司股利发放意愿和发放水平，提升公司投资效率，并促进公司创新。根据本书的研究结论，我们从公司层面和政府层面提出了相应的政策建议。

从公司层面来看，上市公司可以结合自身特征引进"海归"人才到公司董事会任职，合理地优化董事会的构成。董事会作为上市公司内部治理机制的核心，其所发挥的作用应当受到重视。海外经历有助于个人掌握多元化的公司治理和管理实践，促使董事会更好地发挥监督职能，提高公司治理质量。此外，海外经历有助于拓宽个人的知识面，丰富视野，形成更加开放多元的思维，引进"海归"人才到公司董事会任职也能增强董事会的多元化程度，促使其更好地发挥咨询职能，提升公司价值。因此，公司可以根据自身特征和需求合理地引进"海归"人才到公司董事会任职。

从政府层面来看，随着全球化进程加快，"海归"人才在经济发展中发挥着重要作用。国家发展的国际化离不开人才的国际化，相关部门需注重改善国内人才环境，增强对人才的吸引力。政府部门可以进一步搭建企业与"海归"人才之间的相互选择的多样化平台，降低企业的人才搜寻成本，同时也让"海归"人才到最适合的企业充分发挥其才能。

7.3 研究展望

本书就董事海外经历对公司股利分配、投资效率和公司创新的影响进行了较为系统的研究，但尚有不足，我们认为未来还可以从以下几方面进行深入研究：

第一，董事会的构成特征对于公司决策的影响是多方面的，但本书仅分析了董事海外经历对股利分配、投资效率和公司创新的影响，未探索其他决策方面，今后的研究可以继续探索董事海外经历对其他公司决策的影响。

第二，董事会的决策又会带来相应的经济后果，影响公司价值或公司表现，但本书仅探讨了董事海外经历对公司决策的影响，未探索董事海外经历如何通过影响公司决策进而影响公司表现，后续研究可以从不同的维度广泛探讨董事海外经历的经济后果。

第三，本书对于董事海外经历影响公司股利分配、投资效率和公司创新的可能的影响机制进行了检验，但对于影响机制的探索主要是基于董事会的两项最重要的职能：监督职能和咨询职能，未来可以从不同的视角探究其他可能的影响途径。

第四，在内生性问题的处理方面，本书采用了倾向得分匹配和工具变量法来缓解内生性问题对结果的影响。本书借鉴使用的工具变量虽然能够在一定程度上减轻内生性问题的影响，但是这一工具变量也并不完美。未来的研究可以针对这一问题进行完善，如寻求合适的外生冲击以进一步加强结果的稳健性。

参考文献

中文文献

[1] 蔡春，谢柳芳，马可. 高管审计背景、盈余管理与异常审计收费 [J]. 会计研究，2015（3）：72-78+95.

[2] 陈爱贞，张鹏飞. 并购模式与企业创新 [J]. 中国工业经济，2019（12）：115-133.

[3] 陈浪南，姚正春. 我国股利政策信号传递作用的实证研究 [J]. 金融研究，2000（10）：69-77.

[4] 陈立泰，林川. 董事会特征与现金股利分配倾向 [J]. 管理世界，2011（10）：178-179.

[5] 陈信元，陈冬华，时旭. 公司治理与现金股利：基于佛山照明的案例研究 [J]. 管理世界，2003（8）：118-126+151-154.

[6] 陈运森，黄健峤，韩慧云. 股票市场开放提高现金股利水平了吗？——基于"沪港通"的准自然实验 [J]. 会计研究，2019（3）：55-62.

[7] 陈运森，谢德仁. 网络位置、独立董事治理与投资效率 [J]. 管理世界，2011（7）：113-127.

[8] 丛春霞. 我国上市公司董事会设置与公司经营业绩的实证研究 [J]. 管理世界，2004（11）：142-143.

[9] 崔学刚. 公司治理机制对公司透明度的影响——来自中国上市公司的经验数据 [J]. 会计研究，2004（8）：72-80+97.

[10] 戴维奇，刘洋，廖明情. 烙印效应：民营企业谁在"不务正业"？[J]. 管理世界，2016（5）：99-115+187-188.

[11] 杜兴强，谭雪. 国际化董事会、分析师关注与现金股利分配 [J]. 金融研究，2017（8）：192-206.

[12] 杜勇，张欢，陈建英. CEO 海外经历与企业盈余管理 [J]. 会计研究，2018（2）：27-33.

[13] 方红星，金玉娜. 公司治理、内部控制与非效率投资：理论分析与经验证据 [J]. 会计研究，2013（7）：63-69+97.

[14] 费盛康，余佩琨. 中国上市企业外籍高管的监督作用研究 [J]. 南开管理评论，2010，13（2）：16-22.

[15] 冯根福. 关于健全和完善我国上市公司治理结构几个关键问题的思考 [J]. 当代经济科学，2001（6）：23-28.

[16] 冯根福. 双重委托代理理论：上市公司治理的另一种分析框架——兼论进一步完善中国上市公司治理的新思路 [J]. 经济研究，2004（12）：16-25.

[17] 冯根福，韩冰，闫冰. 中国上市公司股权集中度变动的实证分析 [J]. 经济研究，2002（8）：12-18+93.

[18] 冯慧群，马连福. 董事会特征、CEO 权力与现金股利政策——基于中国上市公司的实证研究 [J]. 管理评论，2013，25（11）：123-132.

[19] 何瑛，于文蕾，戴逸驰，王砚羽. 高管职业经历与企业创新 [J]. 管理世界，2019，35（11）：174-192.

[20] 胡奕明，唐松莲. 独立董事与上市公司盈余信息质量 [J]. 管理世界，2008（9）：149-160.

[21] 黄海杰，吕长江，Lee, E. "四万亿投资"政策对企业投资效率的影响 [J]. 会计研究，2016（2）：51-57+96.

[22] 姜付秀，石贝贝，马云飙. 信息发布者的财务经历与企业融资约束 [J]. 经济研究，2016，51（6）：83-97.

[23] 孔小文，于笑坤. 上市公司股利政策信号传递效应的实证分析 [J]. 管理世界，2003（6）：114-118+153.

[24] 赖黎，巩亚林，马永强. 管理者从军经历、融资偏好与经营业绩 [J]. 管理世界，2016（8）：126-136.

[25] 李常青. 我国上市公司股利政策现状及其成因 [J]. 中国工业经济，1999（9）：22-26.

[26] 李常青，魏志华，吴世农. 半强制分红政策的市场反应研究 [J]. 经

济研究，2010，45（3）：144-155.

［27］李万福，林斌，宋璐．内部控制在公司投资中的角色：效率促进还是抑制？［J］．管理世界，2011（2）：81-99+188.

［28］李小荣，罗进辉．媒体关注与公司现金股利支付［J］．经济理论与经济管理，2015（9）：68-85.

［29］李延喜，曾伟强，马壮，陈克兢．外部治理环境、产权性质与上市公司投资效率［J］．南开管理评论，2015，18（1）：25-36.

［30］李增泉，孙铮，王志伟．"掏空"与所有权安排——来自我国上市公司大股东资金占用的经验证据［J］．会计研究，2004（12）：3-13+97.

［31］廖方楠，韩洪灵，陈丽蓉．高管从军经历提升了内部控制质量吗？——来自我国上市公司的经验证据［J］．审计研究，2018（6）：121-128.

［32］廖理，张学勇．全流通纠正终极控制者利益取向的有效性——来自中国家族上市公司的证据［J］．经济研究，2008（8）：77-89.

［33］刘凤朝，默佳鑫，马荣康．高管团队海外背景对企业创新绩效的影响研究［J］．管理评论，2017，29（7）：135-147.

［34］刘青，张超，吕若思，卢进勇．"海归"创业经营业绩是否更优：来自中国民营企业的证据［J］．世界经济，2013，36（12）：70-89.

［35］刘玉敏．我国上市公司董事会效率与公司绩效的实证研究［J］．南开管理评论，2006（1）：84-90.

［36］柳光强，孔高文．高管海外经历是否提升了薪酬差距［J］．管理世界，2018，34（8）：130-142.

［37］陆正飞，王春飞，王鹏．激进股利政策的影响因素及其经济后果［J］．金融研究，2010（6）：162-174.

［38］罗宏．上市公司现金股利政策与公司治理研究［D］．暨南大学博士学位论文，2006.

［39］罗思平，于永达．技术转移、"海归"与企业技术创新——基于中国光伏产业的实证研究［J］．管理世界，2012（11）：124-132.

［40］吕长江，许静静．基于股利变更公告的股利信号效应研究［J］．南开管理评论，2010，13（2）：90-96.

［41］吕长江，张海平．上市公司股权激励计划对股利分配政策的影响［J］．管理世界，2012（11）：133-143.

[42] 吕长江，周县华．公司治理结构与股利分配动机——基于代理成本和利益侵占的分析 [J]．南开管理评论，2005（3）：9-17.

[43] 孟庆斌，李昕宇，张鹏．员工持股计划能够促进企业创新吗？——基于企业员工视角的经验证据 [J]．管理世界，2019，35（11）：209-228.

[44] 全怡，梁上坤，付宇翔．货币政策、融资约束与现金股利 [J]．金融研究，2016（11）：63-79.

[45] 宋建波，文雯．董事的海外背景能促进企业创新吗？[J]．中国软科学，2016（11）：109-120.

[46] 孙甲奎，肖星．独立董事投行经历与上市公司并购行为及其效应研究——来自中国市场的证据 [J]．会计研究，2019（10）：64-70.

[47] 唐宗明，蒋位．中国上市公司大股东侵害度实证分析 [J]．经济研究，2002（4）：44-50+94.

[48] 万良勇．法治环境与企业投资效率——基于中国上市公司的实证研究 [J]．金融研究，2013（12）：154-166.

[49] 王化成，李春玲，卢闯．控股股东对上市公司现金股利政策影响的实证研究 [J]．管理世界，2007（1）：122-127+136+172.

[50] 王雯岚，许荣．高校校友联结促进公司创新的效应研究 [J]．中国工业经济，2020（8）：156-174.

[51] 王信．从代理理论看上市公司的派现行为 [J]．金融研究，2002（9）：44-52.

[52] 魏刚．我国上市公司股利分配的实证研究 [J]．经济研究，1998（6）：32-38.

[53] 魏志华，李常青，吴育辉，黄佳佳．半强制分红政策、再融资动机与经典股利理论——基于股利代理理论与信号理论视角的实证研究 [J]．会计研究，2017（7）：55-61+97.

[54] 魏志华，李茂良，李常青．半强制分红政策与中国上市公司分红行为 [J]．经济研究，2014，49（6）：100-114.

[55] 魏志华，吴育辉，李常青．家族控制、双重委托代理冲突与现金股利政策——基于中国上市公司的实证研究 [J]．金融研究，2012（7）：168-181.

[56] 温军，冯根福．风险投资与企业创新："增值"与"攫取"的权衡视角 [J]．经济研究，2018，53（2）：185-199.

[57] 吴超鹏，金溪．社会资本、企业创新与会计绩效［J］．会计研究，2020（4）：45-57．

[58] 吴超鹏，张媛．风险投资对上市公司股利政策影响的实证研究［J］．金融研究，2017（9）：178-191．

[59] 冼国明，明秀南．海外并购与企业创新［J］．金融研究，2018（8）：155-171．

[60] 肖珉．自由现金流量、利益输送与现金股利［J］．经济科学，2005（2）：67-76．

[61] 肖珉．现金股利、内部现金流与投资效率［J］．金融研究，2010（10）：117-134．

[62] 谢获宝，丁龙飞，廖珂．海外背景董事与债务融资成本——基于董事会咨询和监督职能的中介效应［J］．管理评论，2019，31（11）：202-211．

[63] 徐寿福，徐龙炳．现金股利政策、代理成本与公司绩效［J］．管理科学，2015，28（1）：96-110．

[64] 许年行，李哲．高管贫困经历与企业慈善捐赠［J］．经济研究，2016，51（12）：133-146．

[65] 杨林，段牡钰，刘娟，徐臣午．高管团队海外经验、研发投入强度与企业创新绩效［J］．科研管理，2018，39（6）：9-21．

[66] 杨兴全，张照南，吴昊旻．治理环境、超额持有现金与过度投资——基于我国上市公司面板数据的分析［J］．南开管理评论，2010，13（5）：61-69．

[67] 杨熠，沈艺峰．现金股利：传递盈利信号还是起监督治理作用［J］．中国会计评论，2004（1）：61-76．

[68] 姚立杰，陈雪颖，周颖，陈小军．管理层能力与投资效率［J］．会计研究，2020（4）：100-118．

[69] 叶康涛，陆正飞，张志华．独立董事能否抑制大股东的"掏空"？［J］．经济研究，2007（4）：101-111．

[70] 应千伟，罗党论．授信额度与投资效率［J］．金融研究，2012（5）：151-163．

[71] 于东智，池国华．董事会规模、稳定性与公司绩效：理论与经验分析［J］．经济研究，2004（4）：70-79．

[72] 俞红海，徐龙炳，陈百助．终极控股股东控制权与自由现金流过度投

资［J］.经济研究，2010，45（8）：103-114.

［73］虞义华，赵奇锋，鞠晓生.发明家高管与企业创新［J］.中国工业经济，2018（3）：136-154.

［74］喻坤，李治国，张晓蓉，徐剑刚.企业投资效率之谜：融资约束假说与货币政策冲击［J］.经济研究，2014，49（5）：106-120.

［75］张超，刘星.内部控制缺陷信息披露与企业投资效率——基于中国上市公司的经验研究［J］.南开管理评论，2015，18（5）：136-150.

［76］张会丽，陆正飞.现金分布、公司治理与过度投资——基于我国上市公司及其子公司的现金持有状况的考察［J］.管理世界，2012（3）：141-150+188.

［77］张琦，郑瑶，孔东民.地区环境治理压力、高管经历与企业环保投资———一项基于《环境空气质量标准（2012）》的准自然实验［J］.经济研究，2019，54（6）：183-198.

［78］张新民，张婷婷，陈德球.产业政策、融资约束与企业投资效率［J］.会计研究，2017（4）：12-18+95.

［79］赵奇锋，王永中.薪酬差距、发明家晋升与企业技术创新［J］.世界经济，2019，42（7）：94-119.

［80］郑红亮.公司治理理论与中国国有企业改革［J］.经济研究，1998（10）：21-28.

［81］郑志刚.投资者之间的利益冲突和公司治理机制的整合［J］.经济研究，2004（2）：115-125.

［82］郑志刚.法律外制度的公司治理角色——一个文献综述［J］.管理世界，2007（9）：136-147+159.

［83］支晓强，胡聪慧，童盼，马俊杰.股权分置改革与上市公司股利政策——基于迎合理论的证据［J］.管理世界，2014（3）：139-147.

［84］周冬华，黄佳，赵玉洁.员工持股计划与企业创新［J］.会计研究，2019（3）：63-70.

［85］周楷唐，麻志明，吴联生.高管学术经历与公司债务融资成本［J］.经济研究，2017，52（7）：169-183.

［86］周县华，范庆泉，吕长江，张新.外资股东与股利分配：来自中国上市公司的经验证据［J］.世界经济，2012，35（11）：112-140.

［87］朱沆，叶文平，刘嘉琦．从军经历与企业家个人慈善捐赠——烙印理论视角的实证研究［J］．南开管理评论，2020，23（6）：179-189.

［88］朱芸阳，王保树．上市公司现金分红制度的自治与强制——以股利代理成本理论为逻辑基础［J］．现代法学，2013，35（2）：161-170.

［89］庄毓敏，储青青，马勇．金融发展、企业创新与经济增长［J］．金融研究，2020（4）：11-30.

英文文献

［1］Acharya, V. V. , Baghai, R. P. , Subramanian, K. V. Labor laws and innovation. *The Journal of Law and Economics*, 2013, 56（4）：997-1037.

［2］Acharya, V. V. , Subramanian, K. V. Bankruptcy codes and innovation. *The Review of Financial Studies*, 2009, 22（12）：4949-4988.

［3］Adams, R. B. , Ferreira, D. A theory of friendly boards. *The Journal of Finance*, 2007, 62（1）：217-250.

［4］Adams, R. B. , Ferreira, D. Women in the boardroom and their impact on governance and performance. *Journal of Financial Economics*, 2009, 94（2）：291-309.

［5］Adams, R. B. , Hermalin, B. E. , Weisbach, M. S. The role of boards of directors in corporate governance：A conceptual framework and survey. *Journal of Economic Literature*, 2010, 48（1）：58-107.

［6］Aggarwal, R. , Erel, I. , Ferreira, M. , Matos, P. Does governance travel around the world? Evidence from institutional investors. *Journal of Financial Economics*, 2011, 100（1）：154-181.

［7］Aghion, P. , Bloom, N. , Blundell, R. , Griffith, R. , Howitt, P. Competition and innovation：An inverted-U relationship. *The Quarterly Journal of Economics*, 2005, 120（2）：701-728.

［8］Aghion, P. , VanReenen, J. , Zingales, L. Innovation and institutional ownership. *American Economic Review*, 2013, 103（1）：277-304.

［9］Agrawal, A. , Knoeber, C. R. Firm performance and mechanisms to control agency problems between managers and shareholders. *Journal of Financial and Quantitative Analysis*, 1996, 31（3）：377-397.

［10］Aguilera，R.，Jackson，G. The cross-national diversity of corporate governance: Dimensions and determinants. *The Academy of Management Review*，2003，28（3）：447-465.

［11］Aivazian，V. A.，Ge，Y.，Qiu，J. The impact of leverage on firm investment: Canadian evidence. *Journal of Corporate Finance*，2005，11（1）：277-291.

［12］Albuquerque，R.，Brandão-Marques，L.，Ferreira，M. A.，Matos，P. International corporate governance spillovers: Evidence from cross-border mergers and acquisitions. *The Review of Financial Studies*，2019，32（2）：738-770.

［13］Allen，F.，Bernardo，A. E.，Welch，I. A theory of dividends based on tax clienteles. *The Journal of Finance*，2000，55（6）：2499-2536.

［14］Allen，F.，Qian，J.，Qian，M. Law，finance，and economic growth in China. *Journal of Financial Economics*，2005，77（1）：57-116.

［15］Alvarez，R.，Jara，M.，Pombo，C. Do institutional blockholders influence corporate investment? Evidence from emerging markets. *Journal of Corporate Finance*，2018，53：38-64.

［16］An，H.，Chen，C. R.，Wu，Q.，Zhang，T. Corporate innovation: Do diverse boards help? *Journal of Financial and Quantitative Analysis*，2021，56（1）：155-182.

［17］Anderson，R. C.，Reeb，D. M.，Upadhyay，A.，Zhao，W. The economics of director heterogeneity. *Financial Management*，2011，40（1）：5-38.

［18］Ang，J. S.，Cheng，Y.，Wu，C. Does enforcement of intellectual property rights matter in China? Evidence from financing and investment choices in the high-tech industry. *The Review of Economics and Statistics*，2014，96（2）：332-348.

［19］Armstrong，C. S.，Guay，W. R.，Weber，J. P. The role of information and financial reporting in corporate governance and debt contracting. *Journal of Accounting and Economics*，2010，50（2）：179-234.

［20］Atanassov，J. Do hostile takeovers stifle innovation? Evidence from anti-takeover legislation and corporate patenting. *The Journal of Finance*，2013，68（3）：1097-1131.

［21］Austin，D. H. An event study approach to measuring innovation output: The case of biotechnology. *American Economic Review*，1993，83（2）：253-258.

[22] Ayyagari, M. , Demirgüç-Kunt, A. , Maksimovic, V. Firm innovation in emerging markets: The role of finance, governance, and competition. *Journal of Financial and Quantitative Analysis*, 2011, 46 (6): 1545–1580.

[23] Baker, M. , Stein, J. C. , Wurgler, J. When does the market matter? Stock prices and the investment of equity–dependent firms. *Quarterly Journal of Economics*, 2003, 118 (3): 969–1005.

[24] Balsmeier, B. , Fleming, L. , Manso, G. Independent boards and innovation. *Journal of Financial Economics*, 2017, 123 (3): 536–557.

[25] Baranchuk, N. , Kieschnick, R. , Moussawi, R. Motivating innovation in newly public firms. *Journal of Financial Economics*, 2014, 111 (3): 578–588.

[26] Barney, J. Firm resources and sustained competitive advantage. *Journal of Management*, 1991, 17 (1): 99–120.

[27] Baron, J. N. , Newman, A. E. For what it's worth: Organizations, occupations, and the values of work done by women and nonwhiters. *American Sociological Review*, 1990, 55 (2): 155–175.

[28] Beasley, M. S. An empirical analysis of the relation between the board of director composition and financial statement fraud. *The Accounting Review*, 1996, 71 (4): 443–465.

[29] Bebchuk, L. , Cohen, A. , Ferrell, A. What matters in corporate governance? *The Review of Financial Studies*, 2009, 22 (2): 783–827.

[30] Bebchuk, L. A. , Fried, J. M. Executive compensation as an agency problem. *Journal of Economic Perspectives*, 2003, 17 (3): 71–92.

[31] Belden, S. , Fister, T. , Knapp, B. O. B. Dividends and directors: Do outsiders reduce agency costs? *Business and Society Review*, 2005, 110 (2): 171–180.

[32] Benmelech, E. , Frydman, C. Military CEOs. *Journal of Financial Economics*, 2015, 117 (1): 43–59.

[33] Berger, P. G. , Hann, R. The impact of SFAS No. 131 on information and monitoring. *Journal of Accounting Research*, 2003, 41 (2): 163–223.

[34] Berle, A. A. , Means, G. C. *Modern corporation and private property*. New York: Macmillan, 1932.

［35］Bernile, G. , Bhagwat, V. , Rau, P. R. What doesn't kill you will only make you more risk-loving: Early-life disasters and CEO behavior. *The Journal of Finance*, 2017, 72（1）: 167-206.

［36］Bernile, G. , Bhagwat, V. , Yonker, S. Board diversity, firm risk, and corporate policies. *Journal of Financial Economics*, 2018, 127（3）: 588-612.

［37］Bernstein, S. Does going public affect innovation? *The Journal of Finance*, 2015, 70（4）: 1365-1403.

［38］Bertrand, M. , Schoar, A. Managing with style: The effect of managers on firm policies. *The Quarterly Journal of Economics*, 2003, 118（4）: 1169-1208.

［39］Best, R. W. , Hodges, C. W. , Lin, B. -X. Does information asymmetry explain the diversification discount? *Journal of Financial Research*, 2004, 27（2）: 235-249.

［40］Bhagwati, J. , Hamada, K. The brain drain, international integration of markets for professionals and unemployment: A theoretical analysis. *Journal of Development Economics*, 1974, 1（1）: 19-42.

［41］Bhattacharya, S. Imperfect information, dividend policy, and "The bird in the hand" fallacy. *Bell Journal of Economics*, 1979, 10（1）: 259-270.

［42］Biddle, G. C. , Hilary, G. , Verdi, R. S. How does financial reporting quality relate to investment efficiency? *Journal of Accounting and Economics*, 2009, 48（2）: 112-131.

［43］Billett, M. T. , Garfinkel, J. A. , Jiang, Y. The influence of gvernance on investment: Evidence from a hazard model. *Journal of Financial Economics*, 2011, 102（3）: 643-670.

［44］Black, F. The dividend puzzle. *Journal of Portfolio Management*, 1976, 2（2）: 5-8.

［45］Black, F. , Scholes, M. The pricing of options and corporate liabilities. *Journal of Political Economy*, 1973, 81（3）: 637-654.

［46］Blanchard, O. J. , Lopez-de-Silanes, F. , Shleifer, A. What do firms do with cash windfalls? *Journal of Financial Economics*, 1994, 36（3）: 337-360.

［47］Blomstermo, A. , Eriksson, K. , Lindstrand, A. , Sharma, D. D. The Perceived usefulness of network experiential knowledge in the internationalizing firm. *Journal of International Management*, 2004, 10 (3): 355-373.

[48] Bloom, N., Bloom, D., Reenen, J. Measuring and explaining management practices across firms and countries. *The Quarterly Journal of Economics*, 2007, 122 (4): 1351-1408.

[49] Bloom, N., Genakos, C., Sadun, R., Van Reenen, J. Management practices across firms and countries. *Academy of Management Perspectives*, 2012, 26 (1): 12-33.

[50] Bowen, R. M., Chen, X., Cheng, Q. Analyst coverage and the cost of raising equity capital: Evidence from underpricing of seasoned equity offerings. *Contemporary Accounting Research*, 2008, 25 (3): 657-700.

[51] Brickley, J. A., James, C. M. The takeover market, corporate board composition, and ownership structure: The case of banking. *The Journal of Law and Economics*, 1987, 30 (1): 161-180.

[52] Brickley, J. A., Zimmerman, J. L. Corporate governance myths: comments on Armstrong, Guay, and Weber. *Journal of Accounting and Economics*, 2010, 50 (2): 235-245.

[53] Bris, A., Brisley, N., Cabolis, C. Adopting better corporate governance: Evidence from cross – border mergers. *Journal of Corporate Finance*, 2008, 14 (3): 224-240.

[54] Brockman, P., Unlu, E. Dividend policy, creditor rights, and the agency costs of debt. *Journal of Financial Economics*, 2009, 92 (2): 276-299.

[55] Burton, M. D., Beckman, C. M. Leaving a legacy: Position imprints and successor turnover in young firms. *American Sociological Review*, 2007, 72 (2): 239-266.

[56] Byrd, J., Hickman, K. The case for independent outside directors. *Journal of Applied Corporate Finance*, 1992, 5 (3): 78-82.

[57] Cain, M. D., McKeon, S. B. CEO personal risk-taking and corporate policies. *Journal of Financial and Quantitative Analysis*, 2016, 51 (1): 139-164.

[58] Calluzzo, P., Nathan Dong, G., Godsell, D. Sovereign wealth fund investments and the US political process. *Journal of International Business Studies*, 2017, 48 (2): 222-243.

［59］Calori, R., Lubatkin, M., Very, P., Veiga, J. F. Modelling the origins of nationally-bound administrative heritages: A historical institutional analysis of French and British firms. *Organization Science*, 1997, 8（6）: 681-696.

［60］Cao, X., Cumming, D., Zhou, S. State ownership and corporate innovative efficiency. *Emerging Markets Review*, 2020, 44: 100699.

［61］Carpenter, M. A., Sanders, W. G., Gregersen, H. B. Bundling human capital with organizational context: The impact of international assignment experience on multinational firm performance and CEO pay. *Academy of Management Journal*, 2001, 44（3）: 493-511.

［62］Chay, J. B., Suh, J. Payout policy and cash-flow uncertainty. *Journal of Financial Economics*, 2009, 93（1）: 88-107.

［63］Chemmanur, T. J., Loutskina, E., Tian, X. Corporate venture capital, value creation, and innovation. *The Review of Financial Studies*, 2014, 27（8）: 2434-2473.

［64］Chen, J., Leung, W. S., Goergen, M. The impact of board gender composition on dividend payouts. *Journal of Corporate Finance*, 2017a, 43: 86-105.

［65］Chen, Q., Goldstein, I., Jiang, W. Price informativeness and investment sensitivity to stock price. *The Review of Financial Studies*, 2007, 20（3）: 619-650.

［66］Chen, R., El Ghoul, S., Guedhami, O., Wang, H. Do state and foreign ownership affect investment efficiency? Evidence from privatizations. *Journal of Corporate Finance*, 2017b, 42: 408-421.

［67］Chen, S., Sun, Z., Tang, S., Wu, D. Government intervention and investment efficiency: Evidence from China. *Journal of Corporate Finance*, 2011, 17（2）: 259-271.

［68］Chen, T., Harford, J., Lin, C. Do Analysts matter for governance? Evidence from natural experiments. *Journal of Financial Economics*, 2015, 115（2）: 383-410.

［69］Chen, T., Xie, L., Zhang, Y. How does analysts' forecast quality relate to corporate investment efficiency? *Journal of Corporate Finance*, 2017c, 43, 217-240.

[70] Cheng, M., Dhaliwal, D., Zhang, Y. Does investment efficiency improve after the disclosure of material weaknesses in internal control over financial reporting? *Journal of Accounting and Economics*, 2013, 56 (1): 1–18.

[71] Cheung, S., Chan, B. Corporate governance in Asia. *Asia – Pacific Development Journal*, 2006, 11: 1–31.

[72] Cheung, Y. –L., Rau, P. R., Stouraitis, A. Tunneling, propping, and expropriation: Evidence from connected party transactions in Hong Kong. *Journal of Financial Economics*, 2006, 82 (2): 343–386.

[73] Chhaochharia, V., Grinstein, Y. CEO compensation and board structure. *The Journal of Finance*, 2009, 64 (1): 231–261.

[74] Claessens, S., Djankov, S., Fan, J. P. H., Lang, L. H. P. Disentangling the incentive and entrenchment effects of large shareholdings. *The Journal of Finance*, 2002, 57 (6): 2741–2771.

[75] Cleary, S. The relationship between firm investment and financial status. *The Journal of Finance*, 1999, 54 (2): 673–692.

[76] Coase, R. H. The nature of the firm. *Economica*, 1937, 4 (16): 386–405.

[77] Col, B., Sen, K. The role of corporate governance for acquisitions by the emerging market multinationals: Evidence from India. *Journal of Corporate Finance*, 2019, 59: 239–254.

[78] Coles, J. L., Daniel, N. D., Naveen, L. Managerial incentives and risk–taking. *Journal of Financial Economics*, 2006, 79 (2): 431–468.

[79] Coles, J. L., Daniel, N. D., Naveen, L. Boards: does one size fit all? *Journal of Financial Economics*, 2008, 87 (2): 329–356.

[80] Conyon, M. J., Haß, L. H., Vergauwe, S., Zhang, Z. Foreign experience and CEO compensation. *Journal of Corporate Finance*, 2019, 57: 102–121.

[81] Core, J., Guay, W. The use of equity grants to manage optimal equity incentive levels. *Journal of Accounting and Economics*, 1999, 28 (2): 151–184.

[82] Core, J. E., Guay, W. R., Rusticus, T. O. Does weak governance cause weak stock returns? An examination of firm operating performance and investors' expectations. *The Journal of Finance*, 2006, 61 (2): 655–687.

[83] Core, J. E., Holthausen, R. W., Larcker, D. F. Corporate governance, chief executive officer compensation, and firm performance. *Journal of Financial Economics*, 1999, 51 (3): 371–406.

[84] Cotter, J. F., Shivdasani, A., Zenner, M. Do independent directors enhance target shareholder wealth during tender offers? *Journal of Financial Economics*, 1997, 43 (2): 195–218.

[85] Crane, A. D., Michenaud, S., Weston, J. P. The effect of institutional ownership on payout policy: Evidence from index thresholds. *The Review of Financial Studies*, 2016, 29 (6): 1377–1408.

[86] Cumming, D., Tak Yan, L., Rui, O. Gender diversity and securities fraud. *Academy of Management Journal*, 2015, 58 (5): 1572–1593.

[87] Cummins, J., Hassett, K., Oliner, S. Investment behavior, observable expectations, and internal funds. *American Economic Review*, 2006, 96 (3): 796–810.

[88] Dahya, J., Dimitrov, O., McConnell, J. J. Dominant shareholders, corporate boards, and corporate value: A cross – country analysis. *Journal of Financial Economics*, 2008, 87 (1): 73–100.

[89] Dahya, J., McConnell, J. J., Travlos, N. G. The cadbury committee, corporate performance, and top management turnover. *The Journal of Finance*, 2002, 57 (1): 461–483.

[90] Dai, O., Liu, X. Returnee entrepreneurs and firm performance in Chinese high-technology industries. *International Business Review*, 2009, 18 (4): 373–386.

[91] Dai, Y., Kong, D., Liu, S. Returnee talent and corporate investment: Evidence from China. *European Accounting Review*, 2018, 27 (2): 313–337.

[92] Daily, C. M., Certo, S. T., Dalton, D. R. International experience in the executive suite: the path to prosperity? *Strategic Management Journal*, 2000, 21 (4): 515–523.

[93] Dass, N., Nanda, V., Xiao, S. C. Truncation bias corrections in patent data: Implications for recent research on innovation. *Journal of Corporate Finance*, 2017, 44: 353–374.

[94] Dechow, P. M., Sloan, R. G., Sweeney, A. P. Causes and conse-

quences of earnings manipulation: An analysis of firms subject to enforcement actions by the SEC. *Contemporary Accounting Research*, 1996, 13 (1): 1–36.

[95] Djankov, S., La Porta, R., Lopez–de–Silanes, F., Shleifer, A. The law and economics of self–dealing. *Journal of Financial Economics*, 2008, 88 (3): 430–465.

[96] Donaldson, L. Strategic leadership: Top executives and their effects on organizations. *Australian Journal of Management*, 1997, 22 (2): 221–224.

[97] Easterbrook, F. H. Two agency – cost explanations of dividends. *American Economic Review*, 1984, 74 (4): 650–659.

[98] Ederer, F., Manso, G. Is pay for performance detrimental to innovation? *Management Science*, 2013, 59 (7): 1496–1513.

[99] Edmans, A., Manso, G. Governance through trading and intervention: A theory of multiple blockholders. *The Review of Financial Studies*, 2011, 24 (7): 2395–2428.

[100] Ellis, J., Smith, J., White, R. Corruption and corporate innovation. *Journal of Financial and Quantitative Analysis*, 2020, 55 (7): 2124–2149.

[101] Ellis, J. A., Moeller, S. B., Schlingemann, F. P., Stulz, R. M. Portable country governance and cross–border acquisitions. *Journal of International Business Studies*, 2017, 48 (2): 148–173.

[102] Espen Eckbo, B., Verma, S. Managerial shareownership, voting power, and cash dividend policy. *Journal of Corporate Finance*, 1994, 1 (1): 33–62.

[103] Estélyi, K. S., Nisar, T. M. Diverse boards: Why do firms get foreign nationals on their boards? *Journal of Corporate Finance*, 2016, 39: 174–192.

[104] Faccio, M., Lang, L. H. P. The ultimate ownership of western European corporations. *Journal of Financial Economics*, 2002, 65 (3): 365–395.

[105] Faccio, M., Lang, L. H. P., Young, L. Dividends and expropriation. *American Economic Review*, 2001, 91 (1): 54–78.

[106] Fahlenbrach, R., Low, A., Stulz, R. M. Why do firms appoint CEOs as outside directors? *Journal of Financial Economics*, 2010, 97 (1): 12–32.

[107] Faleye, O., Hoitash, R., Hoitash, U. The costs of intense board monitoring. *Journal of Financial Economics*, 2011, 101 (1): 160–181.

[108] Faleye, O., Kovacs, T., Venkateswaran, A. Do better - connected CEOs innovate more? *Journal of Financial and Quantitative Analysis*, 2014, 49 (5-6): 1201-1225.

[109] Fama, E. Agency problems and the theory of the firm. *Journal of Political Economy*, 1980, 88 (2): 288-307.

[110] Fama, E. F., Jensen, M. C. Agency problems and residual claims. *The Journal of Law and Economics*, 1983, 26 (2): 327-349.

[111] Fang, L. H., Lerner, J., Wu, C. Intellectual property rights protection, ownership, and innovation: Evidence from China. *The Review of Financial Studies*, 2017, 30 (7): 2446-2477.

[112] Fang, V., Tian, X., Tice, S. Does stock liquidity enhance or impede firm innovation? *The Journal of Finance*, 2014, 69 (5): 2085-2125.

[113] Fazzari, S. M., Hubbard, R. G., Petersen, B. C. Finance constraints and corporate investment. *Brookings Papers on Economic Activity*, 1988, 19 (1): 141-206.

[114] Feng, X., Johansson, A. C. Living through the Great Chinese Famine: Early-life experiences and managerial Decisions. *Journal of Corporate Finance*, 2018, 48: 638-657.

[115] Ferreira, D., Manso, G., Silva, A. C. Incentives to innovate and the decision to go public or private. *The Review of Financial Studies*, 2012, 27 (1): 256-300.

[116] Ferreira, M. A., Matos, P. The colors of investors' money: The role of institutional investors around the world. *Journal of Financial Economics*, 2008, 88 (3): 499-533.

[117] Fich, E. M., Nguyen, T. The value of CEOs'supply chain experience: Evidence from mergers and acquisitions. *Journal of Corporate Finance*, 2020, 60: 101525.

[118] Field, L. C., Mkrtchyan, A. The Effect of director experience on acquisition performance. *Journal of Financial Economics*, 2017, 123 (3): 488-511.

[119] Filatotchev, I., Liu, X., Buck, T., Wright, M. The export orientation and export performance of high-technology SMEs in emerging markets: The effects

of knowledge transfer by returnee entrepreneurs. *Journal of International Business Studies*, 2009, 40 (6): 1005-1021.

［120］ Firth, M. , Gao, J. , Shen, J. , Zhang, Y. Institutional stock ownership and firms' cash dividend policies: Evidence from China. *Journal of Banking Finance*, 2016, 65: 91-107.

［121］ Fluck, Z. The dynamics of the management-shareholder conflict. *Review of Financial Studies*, 1999, 12 (2): 379-404.

［122］ Giannetti, M. , Liao, G. , Yu, X. The Brain gain of corporate boards: Evidence from China. *The Journal of Finance*, 2015, 70 (4): 1629-1682.

［123］ Giannetti, M. , Zhao, M. Board ancestral diversity and firm-performance volatility. *Journal of Financial and Quantitative Analysis*, 2019, 54 (3): 1117-1155.

［124］ Giroud, X. , Mueller, H. M. Does corporate governance matter in competitive industries? *Journal of Financial Economics*, 2010, 95 (3): 312-331.

［125］ Glendening, M. , Khurana, I. K. , Wang, W. The market for corporate control and dividend policies: Cross-country evidence from M&A laws. *Journal of International Business Studies*, 2016, 47 (9): 1106-1134.

［126］ Golden, B. R. , Zajac, E. J. When will boards influence strategy? Inclination × power = strategic change. *Strategic Management Journal*, 2001, 22 (12): 1087-1111.

［127］ Goyal, A. , Jategaonkar, S. P. , Muckley, C. B. Why do privatized firms pay higher dividends? *Journal of Corporate Finance*, 2020, 60: 101493.

［128］ Griffin, D. , Li, K. , Xu, T. Board gender diversity and corporate innovation: International evidence. *Journal of Financial and Quantitative Analysis*, 2021, 56 (1): 123-154.

［129］ Grinstein, Y. , Hribar, P. CEO compensation and incentives: Evidence from M&A bonuses. *Journal of Financial Economics*, 2004, 73 (1): 119-143.

［130］ Grossman, S. , Hart, O. Implicit contracts under asymmetric information. *Quarterly Journal of Economics*, 1983, 98 (2): 123-156.

［131］ Guadalupe, M. , Kuzmina, O. , Thomas, C. Innovation and foreign ownership. *American Economic Review*, 2012, 102 (7): 3594-3627.

[132] Gul, F. A., Kim, J. B., Qiu, A. A. Ownership concentration, foreign shareholding, audit quality, and stock price synchronicity: Evidence from China. *Journal of Financial Economics*, 2010, 95 (3): 425-442.

[133] Gupta, A. K., Govindarajan, V. Cultivating a global mindset. *Academy of Management Perspectives*, 2002, 16 (1): 116-126.

[134] Hadlock, C., Pierce, J. New evidence on measuring financial constraints: Moving beyond the KZ index. *Review of Financial Studies*, 2010, 23 (5): 1909-1940.

[135] Hall, B. H., Jaffe, A., Trajtenberg, M. The NBER patent citation data file: Lessons, insights and methodological tools. *NBER Working Paper No. w8498*, 2001.

[136] Hall, B. H., Jaffe, A., Trajtenberg, M. Market value and patent citations. *RAND Journal of Economics*, 2005, 36 (1): 16-38.

[137] Hallock, K. F. Reciprocally interlocking boards of directors and executive compensation. *Journal of Financial and Quantitative Analysis*, 1997, 32 (3): 331-344.

[138] Hambrick, D. Upper echelons theory: An update. *Academy of Management Review*, 2007, 32 (2): 334-343.

[139] Hambrick, D. C., Cho, T. S., Chen, M. J. The influence of top management team heterogeneity on firms' competitive moves. *Administrative science quarterly*, 1996, 41 (4): 659-684.

[140] Hambrick, D. C., Mason, P. A. Upper echelons: The organization as a reflection of its top managers. *Academy of Management Review*, 1984, 9 (2): 193-206.

[141] Harford, J. Corporate cash reserves and acquisitions. *The Journal of Finance*, 1999, 54 (6): 1969-1997.

[142] Hart, O. The market mechanism as an incentive scheme. *Bell Journal of Economics*, 1983, 14 (2): 366-382.

[143] Hart, O., Moore, J. A Theory of debt based on the inalienability of human capital. *The Quarterly Journal of Economics*, 1994, 109 (4): 841-879.

[144] He, J., Tian, X. The dark side of analyst coverage: The case of innova-

tion. *Journal of Financial Economics*, 2013, 109 (3): 856-878.

[145] He, W., Li, C. K. The effects of a comply-or-explain dividend regulation in China. *Journal of Corporate Finance*, 2018, 52: 53-72.

[146] Hermalin, B. E. Trends in corporate governance. *The Journal of Finance*, 2005, 60 (5): 2351-2384.

[147] Hermalin, B. E., Weisbach, M. S. The effects of board composition and direct incentives on firm performance. *Financial Management*, 1991, 20 (4): 101-112.

[148] Hermalin, B. E., Weisbach, M. S. Endogenously chosen boards of directors and their monitoring of the CEO. *Economic Policy Review: Federal Reserve Bank of New York*, 1998, 9 (1): 7-26.

[149] Hermalin, B. E., Weisbach, M. S. Boards of directors as an endogenously determined institution: A survey of the economic literature. *Economic Policy Review-Federal Reserve Bank of New York*, 2003, 9 (4): 7-26.

[150] Herrmann, P., Datta, D. Relationships between top management team characteristics and international diversification: An empirical investigation. *British Journal of Management*, 2005, 16 (1): 69-78.

[151] Hertwig, R., Barron, G., Weber, E., Erev, I. Decisions from Experience and the effect of rare events in risky choice. *Psychological science*, 2004, 15 (8): 534-539.

[152] Hirshleifer, D., Low, A., Teoh, S. H. Are overconfident CEOs better innovators? *The Journal of Finance*, 2012, 67 (4): 1457-1498.

[153] Horwitz, S. K., Horwitz, I. B. The effects of team diversity on team outcomes: A meta-analytic review of team demography. *Journal of Management*, 2007, 33 (6): 987-1015.

[154] Hu, A., Kumar, P. Managerial entrenchment and payout policy. *Journal of Financial and Quantitative Analysis*, 2004, 39 (4): 759-790.

[155] Hu, C., Liu, Y. -J. Valuing diversity: CEOs' career experiences and corporate investment. *Journal of Corporate Finance*, 2015, 30: 11-31.

[156] Huang, J. J., Shen, Y., Sun, Q. Nonnegotiable shares, controlling shareholders, and dividend payments in China. *Journal of Corporate Finance*, 2011,

17 (1): 122-133.

[157] Huang, Q., Jiang, F., Lie, E., Yang, K. The role of investment banker directors in M&A. *Journal of Financial Economics*, 2014, 112 (2): 269-286.

[158] Huang, Q., Yuan, T. Does political corruption impede firm innovation? Evidence from the United States. *Journal of Financial and Quantitative Analysis*, 2019, 1-36.

[159] Hubbard, R. G. Capital-market imperfections and investment. *Journal of Economic Literature*, 1998, 36 (1): 193-225.

[160] Iliev, P., Roth, L. Learning from directors' foreign board experiences. *Journal of Corporate Finance*, 2018, 51: 1-19.

[161] Jackson, S. Consequences of group composition for the interpersonal dynamics of strategic issue processing. *Advances in Strategic Management*, 1992, 8: 345-382.

[162] Jensen, M. C. Agency costs of free cash flow, corporate finance, and takeovers. *The American Economic Review*, 1986, 76 (2): 323-329.

[163] Jensen, M. C. Takeovers: Their causes and consequences. *Journal of Economic Perspectives*, 1988, 2 (1): 21-48.

[164] Jensen, M. C. The modern industrial revolution, exit, and the failure of internal control systems. *The Journal of Finance*, 1993, 48 (3): 831-880.

[165] Jensen, M. C., Meckling, W. H. Theory of the firm: Managerial behavior, agency costs and ownership structure. *Journal of Financial Economics*, 1976, 3 (4): 305-360.

[166] Jenter, D., Lewellen, K. CEO preferences and acquisitions. *The Journal of Finance*, 2015, 70 (6): 2813-2852.

[167] Jiang, F., Cai, W., Wang, X., Zhu, B. Multiple large shareholders and corporate investment: Evidence from China. *Journal of Corporate Finance*, 2018, 50: 66-83.

[168] Jiang, F., Kim, K. A. Corporate governance in China: A modern perspective. *Journal of Corporate Finance*, 2015, 32: 190-216.

[169] Jiang, F., Kim, K. A. Corporate governance in China: A survey. *Review*

of Finance, 2020, 24 (4): 733-772.

[170] Jiang, G. , Lee, C. M. C. , Yue, H. Tunneling through intercorporate loans: The China experience. *Journal of Financial Economics*, 2010, 98 (1): 1-20.

[171] Jiang, L. , Kim, J. -B. Foreign equity ownership and information asymmetry: Evidence from Japan. *Journal of International Financial Management Accounting*, 2004, 15 (3): 185-211.

[172] Jiang, L. , Kim, J. -B. , Pang, L. Control-ownership wedge and investment sensitivity to stock price. *Journal of Banking Finance*, 2011, 35 (11): 2856-2867.

[173] Jiang, W. , Wan, H. , Zhao, S. Reputation concerns of independent directors. *Evidence from Individual Director Voting*, 2016, 29 (3): 655-696.

[174] Johnson, S. , La Porta, R. , Lopez-de-Silanes, F. , Shleifer, A. Tunneling. *American Economic Review*, 2000, 90 (2): 22-27.

[175] Kandel, E. , Lazear, E. P. Peer pressure and partnerships. *Journal of Political Economy*, 1992, 100 (4): 801-817.

[176] Kang, J. -K. , Stulz, R. M. Why is there a home bias? An analysis of foreign portfolio equity ownership in Japan. *Journal of Financial Economics*, 1997, 46 (1): 3-28.

[177] Kang, S. , Kim, E. H. , Lu, Y. Does independent directors' CEO experience matter? *Review of Finance*, 2018, 22 (3): 905-949.

[178] Kaplan, S. N. , Klebanov, M. M. , Sorensen, M. Which CEO characteristics and abilities matter? *The Journal of Finance*, 2012, 67 (3): 973-1007.

[179] Kaplan, S. N. , Zingales, L. Do financing constraints explain why investment is correlated with cash flow? *Quarterly Journal of Economics*, 1997, 112: 168-216.

[180] Kelly, B. , Ljungqvist, A. Testing asymmetric-information asset pricing models. *The Review of Financial Studies*, 2012, 25 (5): 1366-1413.

[181] Kerr, W. Ethnic scientific communities and international technology diffusion. *The Review of Economics and Statistics*, 2008, 90 (3): 518-537.

[182] Khanna, T. *Billions of entrepreneurs: How China and India are reshaping their futures and yours.* Harvard Business Review Press, 2008.

［183］ Klapper, L. F. , Love, I. Corporate governance, investor protection, and performance in emerging markets. *Journal of Corporate Finance*, 2004, 10 （5）: 703-728.

［184］ Klein, A. Firm performance and board committee structure. *The Journal of Law and Economics*, 1998, 41 （1）: 275-304.

［185］ Klein, A. Audit committee, board of director characteristics, and earnings management. *Journal of Accounting and Economics*, 2002, 33 （3）: 375-400.

［186］ Kortum, S. , Lerner, J. Assessing the contribution of venture capital to innovation. *RAND Journal of Economics*, 2000, 31 （4）: 674-692.

［187］ La Porta, R. , Lopez-de-Silane, F. , Shleifer, A. , Vishny, R. W. law and finance. *Journal of Political Economy*, 1998, 106 （6）: 1113-1155.

［188］ La Porta, R. , Lopez-de-Silanes, F. , Shleifer, A. , Vishny, R. Investor protection and corporate governance. *Journal of Financial Economics*, 2000a, 58 （1-2）: 3-27.

［189］ La Porta, R. , Lopez-De-Silanes, F. , Shleifer, A. , Vishny, R. Investor protection and corporate valuation. *The Journal of Finance*, 2002, 57 （3）: 1147-1170.

［190］ La Porta, R. , Lopez - De - Silanes, F. , Shleifer, A. , Vishny, R. W. Legal determinants of external finance. *The Journal of Finance*, 1997, 52 （3）: 1131-1150.

［191］ La Porta, R. , Lopez-de-Silanes, F. , Shleifer, A. , Vishny, R. W. Agency problems and dividend policies around the world. *The Journal of Finance*, 2000b, 55 （1）: 1-33.

［192］ Lamont, O. Cash flow and investment: Evidence from internal capital markets. *The Journal of Finance*, 1997, 52 （1）: 83-109.

［193］ Lamont, O. , Polk, C. , Saa - Requejo, J. Financial constraints and stock returns. *Review of Financial Studies*, 2001, 14 （2）: 529-554.

［194］ Lang, L. H. P. , Litzenberger, R. H. Dividend announcements: Cash flow signalling vs. free cash flow hypothesis? *Journal of Financial Economics*, 1989, 24 （1）: 181-191.

［195］ Lazear, E. P. Performance pay and productivity. *American Economic Re-

view, 2000, 90 (5): 1346-1361.

[196] Levine, R. Bank-based or market-based financial systems: Which is better? *Journal of Financial Intermediation*, 2002, 11 (4): 398-428.

[197] Levy, O., Beechler, S., Taylor, S., Boyacigiller, N. What we talk about when we talk about "Global Mindset": Managerial cognition in multinational corporations. *Journal of International Business Studies*, 2007, 38 (2): 231-258.

[198] Lintner, J. Distribution of incomes of corporations among dividends, retained earnings, and taxes. *The American Economic Review*, 1956, 46 (2): 97-113.

[199] Liu, Q., Lu, Z. Corporate governance and earnings management in the Chinese listed companies: A tunneling perspective. *Journal of Corporate Finance*, 2007, 13 (5): 881-906.

[200] Liu, Y., Miletkov, M. K., Wei, Z., Yang, T. Board independence and firm performance in China. *Journal of Corporate Finance*, 2015, 30: 223-244.

[201] Lorenz, K. Der Kumpan in der Umwelt des Vogels. *Journal für Ornithologie*, 1935, 83 (2): 137-213.

[202] Lu, J., Wang, W. Managerial conservatism, board independence and corporate innovation. *Journal of Corporate Finance*, 2018, 48: 1-16.

[203] Luong, H., Moshirian, F., Nguyen, L., Tian, X., Zhang, B. How do foreign institutional investors enhance firm innovation? *Journal of Financial and Quantitative Analysis*, 2017, 52 (4): 1449-1490.

[204] Mace, M. L. *Directors: Myth and reality*. Harvard Business School, 1986.

[205] Malmendier, U., Nagel, S. Depression babies: Do macroeconomic experiences affect risk taking? *The Quarterly Journal of Economics*, 2011, 126 (1): 373-416.

[206] Malmendier, U., Tate, G., Yan, J. O. N. Overconfidence and early-life experiences: The effect of managerial traits on corporate financial policies. *The Journal of Finance*, 2011, 66 (5): 1687-1733.

[207] March, J. G., Simon, H. A. *Organizations*. Wiley, New York, 1958.

[208] Marquis, C., Tilcsik, A. Imprinting: Toward a multilevel theory. *Academy of Management Annals*, 2013, 7 (1): 195-245.

[209] Masulis, R. W., Wang, C., Xie, F. Globalizing the boardroom—The

effects of foreign directors on corporate governance and firm performance. *Journal of Accounting and Economics*, 2012, 53 (3): 527-554.

[210] Mathias, B. D. , Williams, D. W. , Smith, A. R. Entrepreneurial inception: The role of imprinting in entrepreneurial action. *Journal of Business Venturing*, 2015, 30 (1): 11-28.

[211] McEvily, B. , Jaffee, J. , Tortoriello, M. Not all bridging ties are equal: Network imprinting and firm growth in the nashville legal industry, 1933 - 1978. *Organization Science*, 2012, 23 (2): 547-563.

[212] McGuinness, P. B. , Vieito, J. P. , Wang, M. The role of board gender and foreign ownership in the CSR performance of Chinese listed firms. *Journal of Corporate Finance*, 2017, 42: 75-99.

[213] McLean, R. D. , Zhang, T. , Zhao, M. Why does the law matter? Investor protection and its effects on investment, finance, and growth. *The Journal of Finance*, 2012, 67 (1): 313-350.

[214] Mehran, H. Executive compensation structure, ownership, and firm performance. *Journal of Financial Economics*, 1995, 38 (2): 163-184.

[215] Miletkov, M. , Poulsen, A. , Wintoki, M. B. Foreign independent directors and the quality of legal institutions. *Journal of International Business Studies*, 2017, 48 (2): 267-292.

[216] Miller, M. H. , Modigliani, F. Dividend policy, growth, and the valuation of shares. *The Journal of Business*, 1961, 34: 411-433.

[217] Minton, B. A. , Taillard, J. P. , Williamson, R. Financial expertise of the board, risk taking, and performance: Evidence from bank holding companies. *Journal of Financial and Quantitative Analysis*, 2014, 49 (2): 351-380.

[218] Modigliani, F. , Miller, M. H. The cost of capital, corporation finance and the theory of investment. *The American Economic Review*, 1958, 48 (3): 261-297.

[219] Morck, R. , Shleifer, A. , Vishny, R. W. Do managerial objectives drive bad acquisitions? *The Journal of Finance*, 1990, 45 (1): 31-48.

[220] Moshirian, F. , Tian, X. , Zhang, B. , Zhang, W. Stock market liberalization and innovation. *Journal of Financial Economics*, 2021, 139 (3): 985 -

1014.

[221] Myers, S. C. Determinants of corporate borrowing. *Journal of Financial Economics*, 1977, 5 (2): 147-175.

[222] Myers, S. C. The capital structure puzzle. *The Journal of Finance*, 1984, 39 (3): 574-592.

[223] Naveen, L. , Daniel, N. , McConnell, J. The advisory role of foreign directors in U. S. firms. *SSRN Electronic Journal*, 2013.

[224] O'Connor, M. , Rafferty, M. Corporate governance and innovation. *Journal of Financial and Quantitative Analysis*, 2012, 47 (2): 397-413.

[225] Opler, T. , Pinkowitz, L. , Stulz, R. , Williamson, R. The determinants and implications of corporate cash holdings. *Journal of Financial Economics*, 1999, 52 (1): 3-46.

[226] Ovtchinnikov, A. V. , Reza, S. W. , Wu, Y. Political activism and firm innovation. *Journal of Financial and Quantitative Analysis*, 2020, 55 (3): 989 - 1024.

[227] Oxelheim, L. , Randøy, T. The impact of foreign board membership on firm value. *Journal of Banking Finance*, 2003, 27 (12): 2369-2392.

[228] Pakes, A. On patents, R&D, and the stock market rate of return. *Journal of Political Economy*, 1985, 93 (2): 390-409.

[229] Peasnell, K. V. , Pope, P. F. , Young, S. Board monitoring and earnings management: Do outside directors influence abnormal accruals? *Journal of Business Finance Accounting*, 2005, 32 (7-8): 1311-1346.

[230] Peng, M. W. Outside directors and firm performance during institutional transitions. *Strategic Management Journal*, 2004, 25 (5): 453-471.

[231] Petersen, M. A. Estimating standard errors in finance panel data sets: Comparing approaches. *The Review of Financial Studies*, 2009, 22 (1): 435-480.

[232] Piaskowska, D. , Trojanowski, G. Twice as smart? The importance of managers' formative-years' international experience for their international orientation and foreign acquisition decisions. *British Journal of Management*, 2014, 25 (1): 40- 57.

[233] Rajan, R. G. Insiders and outsiders: The choice between informed and

arm's-length debt. *The Journal of Finance*, 1992, 47（4）: 1367-1400.

［234］ Rajkovic, T. Lead independent directors and investment efficiency. *Journal of Corporate Finance*, 2020, 64: 101690.

［235］ Rediker, K. J., Seth, A. Boards of directors and substitution effects of alternative governance mechanisms. *Strategic Management Journal*, 1995, 16（2）: 85-99.

［236］ Renneboog, L., Szilagyi, P. G., Vansteenkiste, C. Creditor rights, claims enforcement, and bond performance in mergers and acquisitions. *Journal of International Business Studies*, 2017, 48（2）: 174-194.

［237］ Richardson, S. Over-investment of free cash flow. *Review of Accounting Studies*, 2006, 11（2-3）: 159-189.

［238］ Romer, P. M. Increasing returns and long-run growth. *Journal of Political Economy*, 1986, 94（5）: 1002-1037.

［239］ Ross, S. The eonomic theory of agency: The principal's problem. *American Economic Review*, 1973, 63（2）: 134-139.

［240］ Rossi, S., Volpin, P. F. Cross-country determinants of mergers and acquisitions. *Journal of Financial Economics*, 2004, 74（2）: 277-304.

［241］ Sambharya, R. B. Foreign experience of top management teams and international diversification strategies of U. S. multinational corporations. *Strategic Management Journal*, 1996, 17（9）: 739-746.

［242］ Schellenger, M. H., Wood, D. D., Tashakori, A. Board of director composition, shareholder wealth, and dividend policy. *Journal of Management*, 1989, 15（3）: 457-467.

［243］ Shleifer, A., Vishny, R. W. Large shareholders and corporate control. *Journal of Political Economy*, 1986, 94（3, Part 1）: 461-488.

［244］ Shleifer, A., Vishny, R. W. Management entrenchment: The case of manager-specific investments. *Journal of Financial Economics*, 1989, 25（1）: 123-139.

［245］ Shleifer, A., Vishny, R. W. A survey of corporate governance. *The Journal of Finance*, 1997, 52（2）: 737-783.

［246］ Slater, D. J., Dixon-Fowler, H. R. CEO international assignment experience and corporate social performance. *Journal of Business Ethics*, 2009, 89 (3): 473-489.

[247] Smith, M. P. Shareholder activism by institutional investors: Evidence from CalPERS. *The Journal of Finance*, 1996, 51 (1): 227-252.

[248] Stein, L. C. D. , Zhao, H. Independent executive directors: How distraction affects their advisory and monitoring roles. *Journal of Corporate Finance*, 2019, 56: 199-223.

[249] Stiglitz, J. E. Incentives, risk, and information: Notes towards a theory of hierarchy. *Bell Journal of Economics*, 1975, 6 (2): 552-579.

[250] Stiglitz, J. E. , Weiss, A. Credit rationing in markets with imperfect information. *American Economic Review*, 1981, 71 (3): 393-410.

[251] Stinchcombe Arthur, L. Social structure and organizations. In *Handbook of Organizations* (pp. 142-193) . Chicago: Rand-McNally, 1965: 142-193.

[252] Stulz, R. Managerial discretion and optimal financing policies. *Journal of Financial Economics*, 1990, 26 (1): 3-27.

[253] Suddaby, R. , Bruton, G. D. , Si, S. X. Entrepreneurship through a qualitative lens: Insights on the construction and/or discovery of entrepreneurial opportunity. *Journal of Business Venturing*, 2015, 30 (1): 1-10.

[254] Sullivan, D. Measuring the degree of internationalization of a firm. *Journal of International Business Studies*, 1994, 25 (2): 325-342.

[255] Sun, J. Governance role of analyst coverage and investor protection. *Financial Analysts Journal*, 2009, 65 (6): 52-64.

[256] Sunder, J. , Sunder, S. V. , Zhang, J. Pilot CEOs and corporate innovation. *Journal of Financial Economics*, 2017, 123 (1): 209-224.

[257] Suutari, V. , Mäkelä, K. The career capital of managers with global careers. *Journal of Managerial Psychology*, 2007, 22 (7): 628-648.

[258] Syverson, C. What determines productivity? *Journal of Economic Literature*, 2011, 49 (2): 326-365.

[259] Tan, Y. , Tian, X. , Zhang, X. , Zhao, H. The real effect of partial privatization on corporate innovation: Evidence from China's split share structure reform. *Journal of Corporate Finance*, 2020, 64: 101661.

［260］Tao, Q. , Nan, R. , Li, H. Information content of unexpected dividends under a semi−mandatory dividend policy: An empirical study of China. *The North American Journal of Economics and Finance*, 2016, 37: 297−318.

［261］Tian, X. , Wang, T. Y. Tolerance for failure and corporate innovation. *The Review of Financial Studies*, 2014, 27 (1): 211−255.

［262］Tirole, J. Corporate governance. *Econometrica*, 2001, 69 (1): 1−35.

［263］To, T. Y. , Navone, M. , Wu, E. Analyst coverage and the quality of corporate investment decisions. *Journal of Corporate Finance*, 2018, 51: 164−181.

［264］Tobin, J. A general equilibrium approach to monetary theory. *Journal of Money, Credit and Banking*, 1969, 1 (1): 15−29.

［265］Vance, J. O. The care and feeding of the board of directors. *California Management Review*, 1978, 21 (1): 93−96.

［266］Wang, H. , Luo, T. , Tian, G. G. , Yan, H. How does bank ownership affect firm investment? Evidence from China. *Journal of Banking Finance*, 2020, 113, 105741.

［267］Weinstein, D. E. , Yafeh, Y. On the costs of a bank−centered financial system: Evidence from the changing main bank relations in Japan. *The Journal of Finance*, 1998, 53 (2): 635−672.

［268］Weisbach, M. S. Outside directors and CEO turnover. *Journal of Financial Economics*, 1988, 20 (1−2): 431−460.

［269］Whited, T. M. Debt, liquidity constraints, and corporate investment: Evidence from panel data. *The Journal of Finance*, 1992, 47 (4): 1425−1460.

［270］Whited, T. M. , Wu, G. Financial Constraints Risk. *The Review of Financial Studies*, 2006, 19 (2): 531−559.

［271］Wiersema, M. F. , Bantel, K. A. Top management team demography and corporate strategic change. *Academy of Management Journal*, 1992, 35 (1): 91−121.

［272］Yafeh, Y. , Yosha, O. Large shareholders and banks: Who monitors and how? *The Economic Journal*, 2003, 113 (484): 128−146.

［273］Ye, D. , Deng, J. , Liu, Y. , Szewczyk, S. H. , Chen, X. Does board gender diversity increase dividend payouts? Analysis of global evidence. *Journal of Corpo-*

rate Finance, 2019, 58: 1-26.

[274] Yermack, D. Higher market valuation of companies with a small board of directors. *Journal of Financial Economics*, 1996, 40 (2): 185-211.

[275] Yuan, R. , Wen, W. Managerial foreign experience and corporate innovation. *Journal of Corporate Finance*, 2018, 48: 752-770.

[276] Zhang, J. , Kong, D. , Wu, J. Doing good business by hiring directors with foreign experience. *Journal of Business Ethics*, 2018, 153 (3): 859-876.

[277] Zwiebel, J. Dynamic capital structure under managerial entrenchment. *The American Economic Review*, 1996, 86 (5): 1197-1215.

后 记

本书是在笔者的博士毕业论文基础上修改完善而成的。整个写作是一个充满挑战的过程，从选题、构思、文献阅读、数据收集、实证分析、结果整理，到形成初稿、反复修改，再到最终定稿，每一个环节都需要仔细斟酌，反复推敲。这个过程虽然充满艰辛，但却是博士成长的必经之路。回望这段漫长而又充实的旅程，每一个日夜的奋斗与探索，都仿佛化作了今日书页间跳跃的文字，承载着我对公司治理与企业决策领域的深刻思考。

本书选择董事海外经历这个话题最初是源于在 *Journal of Finance* 上读到一篇有关董事海外经历的文章 *The brain gain of corporate boards：Evidence from China*，这篇文章发现聘请具有海外经历的人员到公司董事会任职有助于提升公司表现，比如公司估值，公司的全要素生产率，以及公司的营利能力。通过收集整理相关数据我发现，近年来，越来越多的企业开始聘请有海外经历的人员到公司董事会任职，中国政府鼓励企业"走出去"的政策更是加大了企业对于"海归"人才的需求，在这样的背景下，从企业微观层面探索董事海外经历的影响无疑具有重要的现实意义。董事会作为公司的最高决策机构，对公司的发展方向、投融资和战略决策等方面都有重要影响，因此，本书聚焦于董事海外经历的视角，深入剖析其对公司股利分配、投资效率及创新活动的影响。

在撰写过程中，我得到了来自老师、同学及家人的支持与帮助。老师以其渊博的学识、严谨的治学态度，为我指明了研究方向。同学之间的思想碰撞与学术交流，则为我提供了源源不断的灵感与动力。我的家人，他们的默默支持与无私奉献，是我能够心无旁骛地投入研究工作的坚强后盾。在此，我要向他们致以最诚挚的感谢！同时，我也要感谢那些在我的研究中提供数据与资料的上市公司及研究机构。没有它们的配合与支持，我的研究将难以顺利进行。此外，还要感谢学术界的前辈与同仁，是他们的研究成果与智慧结晶为我的研究奠定了坚实的基础。

当然，我也清楚地认识到，本书的研究尚存在诸多不足与局限。公司治理与企业决策是一个复杂而多变的领域，涉及的影响因素众多，且随着时代的发展而不断变化。因此，希望本书的研究能够抛砖引玉，激发更多学者对这一领域的关注与探讨，共同推动公司治理理论与实践的不断发展。

以此后记，作为对这段学术旅程的纪念，也作为对未来研究道路的期许。愿我们都能在各自的领域里，不断前行，勇攀高峰。